OBRAS REUNIDAS DE C.R. LAMA

OBRAS REUNIDAS DE C.R. LAMA

RECOPILADAS Y EDITADAS
POR
JAMES LOW

© **James Low,** 2013

La edición original de esta obra ha sido publicada en inglés por Simply Being
www.simplybeing.co.uk

Traducción

Juan B. García Lázaro

El derecho de JAMES LOW a ser identificado como autor de esta obra ha sido reivindicado por él de acuerdo con la Ley de Derechos de Autor, Diseños y Patentes de 1988.

Todos los derechos reservados. Ninguna parte de este libro puede ser impresa, reproducida o utilizada en cualquier forma o por medios electrónicos, mecánicos o de otro tipo, conocidos en la actualidad o inventados en el futuro, incluidas la fotocopia y la o en cualquier sistema de recuperación de información, sin el permiso previo y por escrito del autor.

*Que todos los seres despierten
a la profundidad y la luz infinitas
que es la base de su ser*

Contenidos

Prólogo

Introducción

1. Vajrayāna en el Tíbet
2. La Tradición Ñingma
3. Las instrucciones del bardo que radian claridad como el sol
4. Los versos raíz de los bardos
5. La meditación en Vajrasatva que purifica todos los errores y obscurecimientos
6. Padmasambava se presenta
7. Padmasambava: significativo de admiración
8. Las predicciones de Padmasambava
9. Extractos de los prólogos
10. Enseñanzas breves
11. El monasterio de Khordong
12. La educación en el monasterio de Khordong
13. El monasterio de Khordong: ciclo anual de rituales
14. Celebraciones de año nuevo
15. Comentarios sobre la cultura
16. Rigdzin Godem y Sikkim

Bibliografía

Que el sol de la sonrisa del maestro
y la lluvia de la instrucción enriquecedora
hagan brotar todas las semillas de la iluminación
y florezcan en las diez direcciones.

Prólogo

La producción de este libro ha sido una labor de amor. Los textos originales de los que proviene estaban a menudo en un estado muy pobre de gramática, semántica y precisión de detalles, por lo que se ha requerido mucha comprobación y revisión. Sin embargo, no ha parecido una carga pues el trabajo nos ha llevado a mi colega Barbara Terris y a mí de vuelta a las sensaciones de nuestro trabajo anterior con Rimpoché en la India.

Tal y como los textos budistas nos recuerdan una y otra vez, no se puede realizar ningún progreso sin una fe abierta de corazón. Encontrar un maestro que la merezca es verdaderamente una oportunidad rara y preciosa. La apertura de corazón permite que la corriente de bendiciones y transmisión fluya dentro, y esta es la base para la continuidad de la tradición. La devoción también abre el corazón a la belleza del momento, tal como sea. La devoción nos libera de la cosificación, la objetivación y el juicio, las tres tendencias que hacen que nuestro mundo y nuestros corazones sean tan densos y pesados.

Barbara Terris mecanografió y re-mecanografió los textos, y comprobó la corrección del sánscrito y del tibetano. Damos gracias a Gyurme Dorje por su ayuda con esto. Sarah Allen preparó la versión final para ser publicada.

Esperamos que este libro le interese a aquellos que tienen una conexión con C.R. Lama y también aquellos que estén interesados en los temas diversos que se tocan en este pequeño volumen.

James Low

Si hay algún mérito en este trabajo, que ayude a todos los seres a despertar.
Si no hay ningún mérito, que su vacuidad proteja a todos los seres de ser perturbados.

Introducción

Este libro presenta un espectro amplio de trabajos cortos con los que C.R. Lama se implicó durante sus años como lector en estudios indo-tibetanos en la Universidad Visva-Bharati en Santiniketan, Bengala occidental. Algunos son traducciones, algunos son escritos originales y algunos son enseñanzas breves que dio mientras trabajaba sobre otros textos. El objetivo de este volumen es dar una visión rápida del espectro de intereses y estilos de uno de los primeros lamas en comunicarse libremente con el mundo moderno.

C.R. Lama

Cuando vivía en la India él se presentaba a sí mismo como C.R. Lama y los indios generalmente se dirigía a él como Lamaji. Entre los tibetanos él era conocido como Khordong Terchen Tulku Chimed Rigdzin ('Dhor-gDong gTer-Chen sPrul-sKu 'Chi-Med Rig-'Dzin) y se dirigían a él como Rimpoché.

Nació en 1922 el día de luna llena del décimo mes. Fue reconocido como la tercera encarnación de Khordong Terchen Drophan Lingpa Drolo Tsal ('Khor-gDong gTer-Chen 'Gro-Phan gLing-Pa Gro-Log rTsal) por Tulku Tshultrim Zangpo (sPrul-sKu Tshul-Khrims bZang-Po) a quien Rimpoché siempre llamaba Tulku Tsorlo (sPrul-sKu Tshul-Lo) y quien más tarde se convertiría en su maestro principal. También lo reconocieron como la encarnación del Cuerpo de Khyeu-Chung Lotsawa (Khye'u-Chung Lo-Tsa-Ba), el Habla de Nanam Dorje Dudjom (sNa-Nam rDo-rJe bDud-'Joms) y la Mente de Padmasambava. Con cuatro años lo entronizaron como la cabeza del monasterio de Khordong ('Khor-gDong dGon-Pa) y sus once sub-monasterios principales. Tal como él contaba a menudo, entonces comenzó una educación intensa donde tenía que demostrar una capacidad mayor que los otros estudiantes en todas las áreas. Como ejemplo de la manera en que motivos egoístas pueden tener un buen resultado, él explicaba que el estatus del monasterio dependía de las cualidades de su cabeza. Si el lama principal era famoso por su poder y su aprendizaje, entonces se recibían muchas ofrendas, por lo que comparaba el interés de los demás en su educación con engordar un ternero para una fiesta. *"Aunque me pegaban y me presionaban ahora me alegro porque aprendí muchas cosas que me han hecho útil para los demás"*.

Con diez años viajó a Tíbet central y estudió durante dos años con Nyamyi Dorje (mNyam-Nyid rDo-rJe), la cabeza del Monasterio Jangter (Byang-g Ter) principal de Dorje Drag (rDo-rJe Brag). Regresó a Khordong como el titular oficial del linaje Jangter para Tíbet oriental. Continuó sus estudios sus estudios con Tulku Sorlo de Gonpa Shugchung (Shug-Chung dGon-Pa), un monasterio famoso por su realización cuidadosa y disciplinada de los rituales y las danzas religiosas. Llegó a dominar todos los aspectos del ritual y la práctica y con diecisiete años se le examinó de sus habilidades y dio el título de Dorje Lopon Chenpo (rDorJe sLob-dPon Chen-Po), que significa maestría en todos los aspectos de la práctica tántrica.

Tulku Sorlo realizó siete predicciones para guiarlo en el futuro. Le dijo a C.R. Lama: "*Con dieciocho años debes abandonar el monasterio sin decirle a nadie que te vas y entonces han una peregrinación extensa por las áreas fronterizas de Bután, Sikkim y Nepal. Debes casarte con una mujer de Sikkim puesto que esto te asegurará una vida larga. Debes hacer un retiro de tres años en Tsho Pema y no defenderte cuando te roben. Volarás por el cielo cuando tengas treinta y siete años. Cuando tengas cerca de sesenta tu visión se debilitará y debes actuar para preservarla para tus actividades futuras del Darma. Tras esto debes retornar a Khordong y dar todas las enseñanzas e iniciaciones necesarias. Vivirás hasta los ochenta y cuatro o hasta los ciento veinte años dependiendo de las circunstancias*".

Abandonó debidamente su monasterio a las once de la noche de la luna llena del primer mes del año del conejo de tierra, 1939, con dos ayudantes. Dejó un mensaje para decir que se marchaba y que no lo siguieran. Se fue a Lasa y trabajó durante un tiempo en la administración del Dalai Lama, clasificando documentos históricos y organizando la biblioteca. Entonces se fue a la India a través de Bután y Sikkim. Esto fue antes de la invasión china y la frontera era fácil de cruzar. Vivió en Kalimpong durante algunos años, se casó con una mujer sikkimesa y, gracias al tío de ella, realizó algunos trabajos en la zona fronteriza cerca de Tawang para el recientemente independiente gobierno de la India.

Dudjom Rimpoché le animó a ser la cabeza del monasterio Ñingma de Tsho Pema (mTsho-Padma) pero C.R. Lama lo declinó diciendo que los monasterios necesitan patrocinadores y los patrocinadores significan problemas. Puesto que quería empezar una familia, se centró en obtener un trabajo seguro y, utilizando su intuición, inteligencia y conexiones políticas, se aseguró el puesto de conferenciante y luego de lector de estudios indo-tibetanos de la Universidad Visva-Bharati, en Santiniketan. Ya había adquirido un buen nivel de nepalí y de hindi y entonces se centró en aprender bengalí y sánscrito. Sus primeros años de esfuerzo disciplinado le facilitaron esta tarea y pronto estuvo trabajando con los eruditos indios sobre la reconstrucción de textos antiguos bengalíes e hindis que se habían perdido en la India pero fueron preservados en lenguaje tibetano gracias al trabajo hecho durante el periodo de la Segunda Traducción, sobre el siglo XI.

Se volvió una figura familiar en el circuito de conferencias de las universidades indias, ilustrando una y otra vez la importancia de aprender budismo como medio para entender la cultura india. También enseñó el idioma tibetano en la universidad de Calcuta durante muchos años.

Con treinta y siete años se fue a Italia a trabajar con Giuseppe Tucci en Roma y a Munich en Alemania para trabajar con el profesor Hoffmann. Esta exposición a la cultura europea a finales de los años cincuenta le proporcionó la sensación de que la gente occidental le dedica una energía intensa a la existencia mundana. Dijo que al ver lo entusiastas que eran en perderse, no tenía interés en la cultura occidental.

C.R. Lama trabajó en la universidad Visva-Bharati hasta que se retiró y durante parte de este periodo Tulku Thondup Rimpoché fue su colega cercano. Rimpoché vivió en una casa de la universidad con su mujer, Sangye Dolma, llamada Amala por todos, y sus cinco hijos. La casa tenía un porche, un patio cerrado, un jardín y diversas construcciones anejas. En los años setenta y principios de los ochenta se convirtió en una colmena de actividad pues unos cuantos occidentales se asentaron a su alrededor. A veces era como la Torre de Babel, hablándose bengalí, nepalí, hindi, tibetano, inglés, francés, alemán y holandés con intentos de comunicación transcultural. C.R. Lama daba pocas enseñanzas formales de Darma. No disfrutaba enseñando o dando explicaciones. Enseñaba creando situaciones donde la experiencia directa desplomaba las expectativas conceptuales. Raramente hablaba de su propia vida y cuando lo hacía los relatos que daba a menudo diferían unos de otros. Enfatizaba que la acumulación de "hechos" conduce a un falso sentido inútil de certeza. *"Todo son historias, todo es ilusión. Solo la vacuidad es verdad"*.

El número de estudiantes occidentales presentes en cualquier momento variaba de uno a diez y a todos se les animaba a involucrarse de alguna manera con la preparación de traducciones de textos sobre rituales. Estos textos se presentaban con el tibetano original y el significado de las palabras y oraciones en inglés. De esta manera se prepararon miles de páginas mecanografiando y escribiendo a mano sobre papel encerado que era imprimido después en la máquina Gestetner de Rimpoché utilizando tambores de tinta. Había una sensación de presión todo el tiempo, un ambiente de intensidad y urgencia. Se trabajaba durante muchas horas cada día y, a menudo, durante la noche gracias a una lámpara de carburo a la luz de velas. Era común que los textos se imprimieran y las muchas páginas se ordenaran justo antes de la iniciación o la práctica fuera a empezar. Había una sensación de vivir en un campo de incesante energía impredecible, el mandala de Senge Dongma (Seng-Ge gDong-Ma), una de las prácticas principales de Rimpoché.

Durante los días 10 y 25 del mes lunar tibetano todos participábamos en los rituales vistiendo nuestros hábitos rojos de darma. Estas pujas tenían gran poder y concentración puesto que Rimpoché se abría plenamente a los potenciales más bien nublados de sus estudiantes. El sol de su presencia era capaz de quemar algunos huecos en estas nubes, sacar la inmediatez de la presencia a partir de las páginas de los textos sobre rituales y meterla en las vidas de aquellos que lo rodeaban. Se puede encontrar un ritual de estos en "SER GURÚ RIMPOCHÉ"[1].

El ambiente de la casa era a menudo salvaje, como una tormenta, como una amenaza, como una explosión. No había lugar para la complacencia, pues la atención a los detalles y la precisión de la intención eran los únicos factores que mantenían centrada la intensidad. Cuando esto iba mal, había gritos, golpes, pesar, silencio y después terror, como una tormenta del monzón. Estos estados de ánimo podían durar días ofreciendo una oportunidad, pero solo una oportunidad, de ver la naturaleza vacía del miedo. Sin práctica, la situación era intolerable.

Cuando conocí a C.R. Lama por primera vez dijo: *"El Buda no es un hombre agradable"*. La fantasía de la dulzura, seguridad y calma es algo que le hacía feliz disolver. Su objetivo era la *des*-ilusión, ofreciendo un desplome de las suposiciones, esperanzas y temores, intenciones y planes. Cuando los estudiantes se aferraban a estos marcos de referencia, la *des*-ilusión era dolorosa y una fuente de consternación. Una y otra vez él mostraba la especificidad del momento, el descubrimiento de si la parte que le toca a cada uno (*Rang-Chas*), la suerte de cada uno, se podía encontrar en su mandala o no. Encaje, conjunción, conexión, esta es la apertura a lo que hay aquí. Si no hay encaje, la transmisión no sucede. Esto es directo y personal, sin un lugar donde esconderse y sin oportunidad para fingir.

Para cuando C.R. Lama se dejó de trabajar sus hijos se habían marchado de casa por lo que él y su mujer se fueron de Santiniketan y se mudaron a Siliguri en el norte de Bengala, donde las colinas y las llanuras se unen. De allí hizo muchas visitas a Europa y gradualmente atrajo a muchos seguidores de aquellos que participaban en los rituales y experimentaban la apertura de su presencia. En esta etapa de la vida su estado de ánimo era más pacífico y, aunque seguía siendo directo y retador ocasionalmente, su presencia benigna ofrecía una sensación de dirección y consuelo la gente principalmente joven que venía buscando encontrar un sentido para su vida.

Sus últimos años los pasó construyendo un monasterio en Siliguri para proporcionar una base que diera continuidad al lado monástico de su linaje. El linaje continúa en Europa en varios emplazamientos y de una manera discreta.

Yo viví en una habitación en la parte de atrás de su casa durante ocho años y mi propia experiencia de Rimpoché durante ese tiempo fue increíblemente variada. Es imposible hacer un resumen de él o incluso dar un relato claro de cómo era, puesto que era cualquier cosa que fuera en cada momento, sin culpa o temor. No intentaba proyectar una imagen ni trabajaba para intentar gustarle a la gente, y esto le ofrecía a los demás una libertad infinita. Podías tomártelo como quisieras pero, ¿era eso una comprensión de cómo él era, o meramente una proyección de tu propia matriz interpretativa?

La primera vez que fui con mi amiga Barbara a Santiniketan a estudiar tibetano con C.R. Lama, él y sus amigos estaban fuera y un monje Kagyu americano, Tsultrim, estaba cuidando su casa. Dejamos nuestras maletas sobre un somier de madera en el porche cerrado y salimos a comer. Para cuando volvimos nuestras maletas estaban en el patio bajo un hidrante empapándose. Desde el mismo principio nos estaba indicando que: "*Tenéis que confiar en mí, pero no confiéis en mí*". Como decía a menudo sobre sí mismo: "*Soy el mentiroso número uno, soy el tramposo número uno*", y "*No confío en nadie y, primero de todo, no confío en mí mismo*". El único refugio verdadero es la propia mente y eso es terreno traicionero lleno de certeza ilusoria.

Cuando empecé a trabajar textos tibetanos con C.R. Lama, preparaba el texto lo mejor que podía y luego él lo revisaba con lo que llamaba su "sistema de funcionamiento", dando el significado de las palabras y frases difíciles tan rápido como podía. Decía "*La rapidez es buena*" y describía cómo cuando era un niño escribía en la pizarra como un pájaro cruzando el cielo. Pronto, lo que más decía era: "*Tú sabes esto*" y seguía adelante. Era doloroso y confuso ver que tenía más fe en mí que yo en él. Cuando yo me perdía con las relaciones, la bebida o me ponía rebelde, me decía que era debido a la energía negativa de otras personas, y que no me preocupara.

El amplio alcance de su conocimiento y habilidades era asombroso y él podía ayudar en cualquier actividad. Cuando me estaba preparando para ir a un retiro viajando por Ladak y necesitaba una tienda de campaña, me dijo que fuera al mercado y comprara tantos metros de algodón blanco, de un tipo utilizado en la India para envolver paquetes para el correo. Cuando volví había llamado a un sastre local que estaba allí en el porche con su máquina de coser. Rimpoché midió la tela con el largo de su brazo, la rasgó en diez trozos y fue diciéndole al sastre cómo coserla. En unas pocas horas mi tienda de campaña estaba preparada e investida con su energía protectora.

Cuando fuimos de peregrinación a Tsho Pema nos dimos cuenta de que las islas flotantes del lago sagrado no se movían. Le dijo al abad del monasterio Ñingma que esto era una mala señal y que habría que empujarlas para que estuvieran en movimiento. Me dijo que fuese nadando hasta ellas y las empujara hasta liberarlas de manera que pudieran trasladarse con la brisa como se describe en los textos tradicionales. Los lugareños estaban molestos pero él empezó a cantar con su voz poderosa y hermosa y, gradualmente, todas las pequeñas islas, que son acumulaciones de raíces, tierra y juncos, empezaron a moverse. Muy a menudo él actuaba directamente sobre la situación y lidiaba con las consecuencias sin duda o vergüenza. Él era confiado y claro, manifestando un enorme impacto y luego, en un instante, se volvía invisible.

A menudo se iba a su oficina de la universidad llevando puesto una camiseta y un lunghi, una tela liada alrededor de la cintura, la ropa que se ponen los hombres que conducen bicitaxis. Su mujer se quejaba y le preguntaba: "¿No tienes dignidad? ¿Qué va a decir la gente?". Él respondía: "Bueno, cuando me vean venir, ¿crees que dirán -Este es C.R. Lama que llega- o dirán -Esta es la ropa de C.R. Lama que llega-?".

Su método principal de transmisión era a través de la intensidad de la práctica de rituales. Su primera encarnación había viajado a Zangdopaltri (*Zangs-mDog dPal-Ri*) sobre un ganso un había pasado allí tres días con Padmasambava. Rimpoché nos dijo que los ayudantes de Nuden Dorje se preguntaban si él había muerto porque su cuerpo no se movía, pero entonces retornó con muchas enseñanzas. Rimpoché dijo que el propósito de nuestros rituales era en realidad ver a Padmasambava y obtener enseñanzas de él. Esto no era una metáfora, o una simulación, era así mismo. Y de esta manera orábamos con intensidad unidireccional mientras Rimpoché utilizaba todo su poder de meditación, su voz y sus habilidades con los timbales y el tambor para traer a Padmasambava a una relación viva con su pequeño grupo de devotos. La cuestión principal es la experiencia directa, no la teoría, no el conocimiento, sino la experiencia real de la propia naturaleza como apertura, claridad y participación incesante.

Rimpoché era impaciente y con estructuras restrictivas, con pomposidad, y era altamente antagonista cuando veía que se usaba el Darma para asegurar fines mundanos. ¿Quién puede decir quién era él? Ciertamente un embaucador, ciertamente un tertón, ciertamente una fuerza brillante de la bondad, que señalaba al corazón de la práctica. Como a menudo me decía: "*Otros lamas esperan morir con mantras en sus labios, pero yo quiero morir con mi boca llena de deliciosos dulces de leche*".

Los Textos

Los dos primeros capítulos, *Vajrayāna en el Tíbet y la Tradición Ñingma* son textos escritos en tibetano por C.R. Lama. Tienen muchas similitudes en su contenido y esta repetición subraya la importancia tradicional que se le adscribía a obtener una visión clara de cómo los diversos estilos y niveles de práctica encajan juntos. Desafortunadamente los originales tibetanos se han perdido, comidos por las termitas. Los dos primeros textos contienen muchos términos técnicos budistas y estos se proporcionan en español, sánscrito y tibetano. C.R. Lama insistía en que los términos se dieran en su lenguaje original pues es donde se establece claramente el significado, mientras que en inglés y otros idiomas europeos el significado de los términos no está todavía definido, son aproximaciones parte de un trabajo en proceso. Estos dos textos establecen los antecedentes de la práctica al señalar el desarrollo histórico de la orientación específica Ñingma. La "escuela" Ñingma comprende una colección imprecisa de grupos de personas que siguen las enseñanzas que surgieron de Pabmasambava, quien estableció el budismo tántrico en el Tíbet en el siglo VIII.

Hay muchos caminos en el Darma y en occidente uno puede ahora visitar fácilmente diferentes centros de Darma que presentan enseñanzas que no tuvieron contacto directo unas con otras durante mil años. ¿Cómo escoger lo que es correcto para nosotros? Bueno, quizás somos tan "escogidos" como "escogedores"; nuestras vidas se nos revelan a nosotros mismos cuando nos encontramos atraídos hacia alguien o hacia algún camino porque nos llama la atención. La manifestación de nuestra conexión con el Darma rara vez se basa en la razón, más bien nos cautiva alguna imagen, voz o idea y nos encontramos, quizás sin saber por qué, que estamos en el camino. Sin embargo, esto no es un mero antojo, y algo de conocimiento sobre la rica historia de la tradición puede fortalecer nuestro sentido de pertenencia, un sentimiento vital si queremos continuar durante meses, años y vidas.

El capítulo 1, *Vajrayāna en el Tíbet*, da una descripción breve de cómo la enseñanza tántrica llegó a ser conocida por los seres humanos. No fue el resultado de una persona, que tuvo una idea interesante y entonces desarrolló un sistema a partir de ahí. Más bien, es un linaje presente desde el principio del tiempo y se ha ido pasando a través de seres que han existido en formas diversas en reinos diversos. El linaje ininterrumpido que procede de este origen "divino· o natural hace caminar en paralelo su enseñanza de la continuidad ininterrumpida entre todos los fenómenos y entre estos fenómenos y su fuente o base natural. Se pueden encontrar detalles más extensos en "THE NYINGMA SCHOOL OF TIBETAN BUDDHISM: ITS FUNDAMENTALS AND HISTORY"[2]. Este capítulo también expone la estructura de niveles de práctica tántrica y señala las diferencias importantes de visión y meditación entre ellas.

El capítulo 2, **La Tradición Ñingma**, amplía el material expuesto en el capítulo 1 proporcionando un relato claro de cómo la manera en que vemos nuestra situación genera patrones de respuesta encarnada. Mientras veamos que sujeto y objeto están verdaderamente separados y son intrínsecamente reales, cada uno de ellos con su propia esencia o naturaleza inherente, estaremos condenados a un camino largo, lento y duro de purificación en el que nos encontraremos muchos obstáculos. El obstáculo principal es, de hecho, nuestra propia creencia en nuestra existencia como una entidad separada.

Este capítulo señala la importancia vital de abrirse a, y descansar en, la visión no-dual del Dzogchen, la cúspide de las enseñanzas del Buda. Esta visión nos introduce a la perfección natural de nuestra propia situación actual de manera que, sin realizar cambio alguno externo o interno, despertemos a nuestra budeidad primordial, la no-dualidad de la pureza intrínseca de la apertura no nacida y la claridad de la manifestación espontánea. Esta es la enseñanza que C.R. Lama personificaba y expresaba en la inmediatez despreocupada de su participación en todo lo que se encontraba.

El capítulo 3, *Las instrucciones del bardo que radian claridad como el sol*, y el 4, *Los versos raíz de los bardos*, se centran en la experiencia de los bardos, los estados intermedios. El capítulo 3 es parte de la colección de termas (*gTer-Ma, tesoro*) de la primera encarnación de C.R. Lama. El capítulo 4 es parte del ciclo *Karma Lingpa Zhitro*. Nuestras vidas no son más que experiencia, experiencia inaprensible, presente solo mientras atendemos a ella. Más que afirmar etapas definidas de nuestras vidas, las etapas que ocuparemos y dominaremos, las enseñanzas sobre el bardo señalan a la naturaleza transicional y contingente de cada momento de nuestro despliegue. Siempre estamos entre lo que se fue y lo que todavía ha de venir, la vida consiste en momentos, no cosas. Estas enseñanzas nos animan a abrirnos plenamente al momento en el que estamos. Si estamos plenamente abiertos y recibimos la plenitud del momento estaremos plenos y vacíos a la vez; este es el encuentro del cielo con el cielo.

El capítulo 5, *La meditación en Vajrasatva que purifica todos los errores y obscurecimientos*, lo escribió C.R. Lama para completar las enseñanzas de Chetsangpa que conforman los capítulos 1, 3 y 5 de "*Simplemente Ser*"[3]. Él era insistente con que el factor más importante en la práctica del Darma es la fe, no solo la fe en las deidades de meditación, sino en nosotros mismos, en nuestra naturaleza verdadera, en nuestra naturaleza búdica, nuestra pureza primordial. Vajrasatva, el Ser Indestructible, es el garante de nuestro despertar. Es la presencia de nuestra presencia; nuestra pureza que se nos revela a través de la pureza de una forma que es la vacuidad misma. Este texto breve da las instrucciones clave para la práctica y lo escribió Chimed Rigdzin Lama hace unos cuarenta años cuando vivía en Bengala, India.

Este capítulo trata de la relación entre fantasía y realidad. La realidad, en su definición, no es el mundo sustancial que parece revelarse a nuestros sentidos y entendido por nuestros pensamientos. La realidad es lo dado no-dual, aquello que perdura cuando los constructos mentales de artificio se dejan de promover. El mundo de experiencia ordinaria con sus esperanzas y temores, su sentido de lo bueno y lo malo, y su organización conceptual incesante, se revela como una fantasía, el producto de un engaño primario.

Esto es así porque nuestros fallos, errores, confusiones y demás están, como cualquier otra cosa que sucede, vacíos de naturaleza inherente, que se pueden disolver rápidamente. La meditación de Vajrasatva, a través de unir lo ordinario, lo simbólico y la apertura de la presencia directa, proporciona un medio para disolver nuestras cosificaciones contaminadas, que crean tanto dolor y culpa, en su propia pureza intrínseca. La esencia de esta práctica descansa en contactar y reconocer la pureza innata de todo lo que sucede. La impureza es un fantasma adventicio que prospera en la identificación errónea con un yo. La práctica proporciona una de los muchos caminos hacia la experiencia de la presencia y la vacuidad, que es el principio del dzogchen.

El capítulo 6, **Padmasambava se presenta**, el capítulo 7, **Padmasambava: significativo de admiración**, y el capítulo 8, **Las predicciones de Padmasambava**, se refieren a Padmasambava y los tradujo C.R. Lama de partes de textos que estaban disponibles en la India en los años sesenta. Cuando los tibetanos tuvieron que marcharse del Tíbet debido al control chino, muchos textos se perdieron. Gradualmente, más textos han reaparecido y se están reimprimiendo, pero estos extractos cortos señalan a un tiempo en el que cada fragmento se atesoraba y preservaba cuidadosamente.

Los capítulos 6 y 7 abordan el poder sanador y las cualidades de Padmasambava, factores curativos y sostenedores que fueron especialmente importantes para los refugiados que habían perdido tanto. Su poder para hacer el bien surge no tanto de una posición mundana como de su base natural, el darmadatu, de donde él convoca todo lo que se requiere para aquellos que tengan fe en él.

El capítulo 8 enumera algunas de las muchas predicciones que hizo Padmasambava sobre tiempos futuros. Principalmente, son predicciones de problemas y desastres, y paradójicamente, estos recordatorios de los problemas del samsara son tranquilizadores en tiempos difíciles. Tendemos a darles excesiva importancia a nuestros propios problemas cuando son meros ejemplares de la naturaleza de la experiencia dualista.

El capítulo 9, **Extractos de los prólogos**, ofrece unos pocos extractos de prólogos que C.R. Lama dictó para un rango de textos rituales publicados en la India. Dan una semblanza de su estilo de escribir y de su intención.

El capítulo 10, **Enseñanzas breves**, comprende una gama de notas cortas tomadas cuando C.R. Lama explicaba textos. Él hablaba muy deprisa y demandaba atención plena. Estas notas proporcionan una sensación del estilo abreviado y directo con que él explicaba. Tienen significados que se revelan tras una reflexión calmada sobre la existencia propia.

Los capítulos 11 a 16 fueron dictados por C.R. Lama. Los escribí en forma de borrador y comprobé los hechos con Rimpoché. Algunos de ellos se editaron para presentaciones y conferencias mientras que otros permanecieron en forma de notas hasta recientemente. Se han hecho todos los esfuerzos para escribir correctamente los nombres de los lugares, pero puede que haya algo de inexactitud.

El capítulo 11, **El monasterio de Khordong**, proporciona un relato de la historia y el desarrollo del monasterio principal de C.R. Lama en el Tíbet oriental. Describe el esfuerzo de muchas personas de construir, enseñar y practicar, todos transitorios y todos de gran valor. Esta descripción breve señala la transmisión del linaje como la hebra central que enlaza y da forma a la actividad monástica.

El capítulo 12, **La educación en el monasterio de Khordong**, es un artículo corto que C.R. Lama presentó en una conferencia en la India. Describe el sistema de educación en el Monasterio de Khordong, subrayando tanto el programa de estudios como la manera de estudiar.

El capítulo 13, *El monasterio de Khordong: ciclo anual de rituales*, describe las prácticas que meditación que se enseñaban y empleaban en el monasterio de Khordong. Muchas de ellas se organizaban de acuerdo al sistema Jangter del monasterio de Dorje Drag. Este capítulo muestra el ciclo anual de rituales de meditación. Se presentó en una conferencia en Varanasi, la India, junto con el capítulo 12.

El capítulo 14, *Celebraciones de año nuevo*, proporciona un relato de las celebraciones de año nuevo en el distrito de Kham Trehor, tal como como las celebraban monjes y laicos.

El capítulo 15, *Comentarios sobre la cultura*, ofrece las reflexiones de C.R. Lama sobre la cultura local, y permite vislumbrar la manera de vida en la que su sentido del mundo se desarrolló. Rimpoché no era un sentimental y aceptaba con ecuanimidad las numerosas circunstancias cambiantes de su vida y la pérdida irrevocable de la cultura tradicional tibetana.

El capítulo 16, *Rigdzin Godem y Sikkim*, proporciona un relato breve de Rigdzin Godem revelando la tierra escondida de Sikkim. Incluye una oración corta. Rimpoché presentó este artículo en una conferencia en Sikkim en 1979 y es un ejemplo de la manera en la que subvierte la estructura académica objetivadora poniendo el foco más en la práctica.

C.R. Lama también escribió una Oración de la Lámpara de Mantequilla para sostener la salud y la larga vida de su gurú. Ha sido editada de modo separado como "*La aspiración radiante*"[4], y por tanto no se incluye aquí.

El darma en sí nunca cambia, pero las formas de su expresión verdadera son una miríada, y surgen debido a la textura kármica de las épocas diferentes. C.R. Lama fue una presencia irrepetible, del mismo modo que lo somos todos cuando nos liberamos de las constricciones de las suposiciones y los hábitos. Ser, estar presente, es algo siempre fresco, siempre abierto, siempre preparado para el espectáculo espontáneo que es útil y adecuado. Esto era la base, el camino y el resultado radiantemente presentes como C.R. Lama.

> *La luz irradia incesantemente de la mente iluminada:*
>
> *que pueda brillar del corazón de Rimpoché donde quiera que resida*
>
> *haciendo que todos los seres se giren hacia su propia naturaleza verdadera.*

James Low

NOTAS

[1] Low, J. "Ser Gurú Rimpoché". Ediciones Dharma, Novelda. 2013.

[2] Dudjom Rimpoché. The Nyingma School of Tibetan Buddhism: Its Fundamentals and History (La escuela Ñingma de budismo tibetano: sus fundamentos e historia). Wisdom Publications, Boston, 1991.

[3] Low, J. Simplemente ser. Textos de la tradición dsogchen. Ediciones Dharma, Novelda, 2009.

[4] Lama, C.R. y Low, J. "La aspiración radiante". Ediciones Dharma, Novelda, 2017.

1

Vajrayāna en el Tíbet

Este es un breve relato de la práctica tántrica Vajrayāna[1] en el Tíbet de acuerdo a la escuela Ñingma.

Según el MANI BKA 'BUM, la colección de enseñanzas sobre el mantra de Avalokiteśvara, el rey Songtsen Gampo (Srong-bTsan sGam-Po) habló sobre los diversos enfoques y meditaciones tántricos. Él tenía muchas cosas que decir sobre el estado de desarrollo (utpannakrama), el estado de completación (sampannakrama) y las instrucciones (upadeśa), de la práctica de Ārya Avalokiteśvara. Todo el Tíbet se volvió devoto de Ārya Avalokiteśvara, Chenresi, y empezó a meditar sobre las seis sílabas (OM MANI PADME HŪM) desde la época de este rey (siglo VII). Algunos textos tántricos se tradujeron cuando los indios Ācārya Kusara y Brahmāna Śaṅkara, y el nepalí Ācārya Śīlamañju fueron al Tíbet. Una pequeña parte de los tantras de Ārya Avalokiteśvara se tradujeron. Después de cinco generaciones, el rey Trisong Detsen (Khri Srong lDeu bTsan) invitó al gran erudito Śāntarakṣita y al gran sabio Mahācārya Padmasambava, así como a otros eruditos indios, que llegaron al Tíbet y propagaron el budismo allí. Mahācārya Darmakīrti, el gran erudito Vimalamitra, Ācārya Budaguhya y Ācārya Śāntigarba, todos fueron al Tíbet. Mahācārya Darmakīrti tansmitió el métido de consagración en el Mandala Tanta del Yoga de Vajradātu. Mahāpaṇḍita Vimalamitra y otros enseñaron a los tibetanos todo lo que era necesario. Los traductores tibetanos Vairocana, Ma (rMa), Nyag (gNyag) y Nub (gNub), etc., tradujeron una enorme cantidad de textos incluyendo el KUN BYED RGYAL PO, EL REY QUE LO CONSIGUE TODO, el MDO DGONGS 'DUS, EL SUTRA QUE UNIFICA LAS INTENCIONES, uno de los cuatro tantras raíz del Anuyoga, y el SGYU 'PHRUL 'GRUB SDE BRGYAD, LAS OCHO SECCIONES DE LA PRÁCTICA DE LAS FORMAS ILUSORIAS, y muchos más. También se tradujeron los textos básicos (āgamas) y las explicaciones (upadeśas).

Mahācārya Padmasambava, a través de su poder milagroso, trajo al Tíbet muchas obras tántricas de la India, Uḍḍiyāna y demás, y los tradujo. Otros tantras que eran predominantes de la India llegaron al Tíbet a lo largo del tiempo.

La aparición del Tantra

Veintiocho años después de su nirvāṇa, el Buda se encarnó en la forma de Guhyapati, el Maestro de los Secretos, en el monte Malaya en el sur de la India. Allí encontró a cinco seres sabios, conocidos como "Los cinco excelentes de nobleza sublime", que explicaron tres tantras externos y dieciocho tantras internos. Estos cinco seres sabios pertenecían a los cinco grupos de seres:

1. De la familia pura de los dioses, devasatkūla, vino Yaśasvī Varapāla (*Grags-lDan mChog-mKyongs*).
2. De la familia pura de los yakṣas, yakṣasatkūla, vino Ulkāmuka (*sKar-mDa' gDong*).
3. De la familia pura de los nagas, nāgasatkūla, vino el rey Takṣaka (*kLu-rGyal 'Jog-Po*).
4. De la familia pura de los rākṣasa, rākṣasasatkūla, vino Matyaupāyika (*bLo-Gros Thabs-lDan*).
5. De la familia pura de los humanos, manuṣasatkūla, vino Vimalakīrti (*Li-Tsa-Bi Dri-Med Grags-Pa*)

De los cinco seres sabios, fue rākṣasa, Lodrö Thabden (*bLo-Gros Thabs-lDan*), el que escribió los tantras sobre hojas doradas con tinta de berilo celeste y los guardó ocultos en el cielo, de acuerdo a las siete instrucciones de Guhyapati. Estas siete instrucciones son las siguientes:

1. El tantra tenía que escribirse sobre hojas de oro.
2. La tinta usada debía ser de piedra de berilo.
3. El tantra debía guardarse en un contenedor hecho de piedras preciosas.
4. El contenedor debía guardarse en un lugar que estuviera libre de la destrucción por los elementos.
5. Se debían colocar devīs, diosas, para guardar el contenedor.
6. Se debía colocar al rey Ja a cargo de los tantras.
7. Se predijo a Kukurāja, Uparāja y otros maestros, incluso hasta la actualidad.

Cuando llegó el momento, el rey Ja (o Dza) tuvo un sueño en el que vio que los tantras escritos sobre hojas de oro le estaban siendo otorgados. Este sueño se volvió realidad por la mañana cuando todos los tantras llovieron sobre el tejado de su casa. Tras esto, el rey Ja, Budaguhya, Budājñāna, Ānandavajra y otros le explicaron estos tantras al mundo.

Budaguhya, Mahāpaṇḍita Vimalamitra y los traductores Ma y Nyag estudiaron a fondo estos dieciocho tantras y el *Mahāmāya Guhyasāra, La esencia secreta de la gran ilusión*. Mahācārya Mahāhuṅkāra enseñó a sus discípulos, entre ellos a Namka Nyingpo (*Nam-mKha'i sNying-Po*) de Nub, la sādana Viśuda y otros tantras. Padmasambava le enseñó a otros dicípulos la sādana Kilaya y la sādana Mahāṣṭa. Budajñāna, un tibetano, Vyākaraṇavajra y otros más enseñaron a la gente. De esa manera sus enseñanzas han llegado a nuestros días.

Con respecto al āgama anuyoga, el samājasūtra, el vidyasūtra y demás, las instrucciones las dieron cuatro ācāryas indios y nepalís al tibetano Budajñāna, cuyo trabajo ha llegado a nuestros días. El ciclo de textos *bShad rGyud dGongs Pa 'Dus Pa, Tantra escplicatorio asamblea de claridad*, (*Saṃkṣipta Sandhisaṃgraha*) fue traducido en el monasterio Samye en el Tíbet central durante el principio del periodo de traducción.

El atiyoga Mahāsampanna se divide en tres secciones:

Vairocana y Yudra Nyingpo (*gYu-sGra-sNying-Po*) explicaron las dieciocho instrucciones externas de la Sección de la Mente (*citavarga, Sems-sDe*) y se han transmitido hasta nuestros días.

Śrī Siṇgha presentó las instrucciones de la sección del espacio interno (*datuvarga, kLong sDe*) y Vairocana las explicó, y se han transmitido hasta nuestros días.

Àcârya Padmasambava, Vimalamitra y Vairocana explicaron las instrucciones esenciales contenidas en los diecisiete tantras de la Sección Oral Secreta (*upadesavarga, Man-Ngag-sDe*), y se han transmitido hasta nuestros días.

Un breve relato del significado de Vajrayāna

El sNga-'Gyur Kun-Byed-rGyal-Po primera traducción Rey que todo lo logra, dice: "Theg-Pa rNam-Pa gNyis-Yin-Te mTshan-Nyid rGyu-Yi-Theg-Pa 'Bras-Bu sNgags-Kyi-Theg-Pa". Es decir, "Hay dos tipos de yanas o vehículos. El primero es el vehículo que funciona como una causa y depende de signos y análisis. El segundo es el vehículo que funciona de acuerdo al resultado y depende del tantra". Yana indica subida, elevación a la iluminación. El vehículo de la causa (lakṣaṇa hetuyāna) se establece en los sutras. El vehículo del resultado (phala vajrayāna) se refiere al mantrayāna, tantrayāna y sahajayāna. Debido a su poder y eficacia, se considera a phala vajrayāna como superior a lakṣaṇa hetuyāna, el camino que funciona como una causa para conseguir la iluminación en una fecha posterior. Hay muchos seguidores del vajrayāna que han alcanzado la liberación, a menudo transformando su cuerpo en un arcoíris.

El camino del tantra se llama "vajrayana", el camino del diamante, o indestructible. Se dice que el diamante tiene siete cualidades:

1. *Nada puede cortar un diamante*
2. *No se puede destruir un diamante*
3. *Un diamante es una piedra de verdad*
4. *Un diamante es muy fuerte*
5. *Un diamante mantiene su forma*
6. *Un diamante es impenetrable*
7. *Un diamante puede penetrar cualquier cosa*

Los budistas creen que el tantra tiene estas siete virtudes, cada una de las cuales manifiesta muchas cualidades. De ellas, aquí se da solo una cualidad de cada virtud de la lista. El vajrayana demuestra la naturaleza búdica indestructible, Vajradara, en todas las cosas. Sostiene que Vajradara:

1. *Es inmune a toda contaminación*
2. *No se puede destruir*
3. *Es el nirvana verdadero*
4. *Es fuerza*
5. *Es firmeza*
6. *Es inmortal*

7. Es el único medio de liberación del mundo

Tres vehículos

Las enseñanzas se han organizado de acuerdo a varios esquemas. Uno que se encuentra en las primeras traducciones de la tradición Ñingma emplea tres vehículos o caminos:

1. El camino del vehículo que te conduce fuera del sufrimiento, sarvobavanayaka yāna (Kun-Byung-'Dren)
2. El camino del vehículo que se agrupa alrededor de la austeridad, tapasvinkūla yāna (dKa'-Thub Rigs-Pa)
3. El camino del vehículo de los métodos que dominan, śaktiupāya yāna (dBang-bsGyur Thabs-Kyi Theg-Pa)

Estos son los nombres que se dan en las Traducciones Antiguas (Ñingma).

Nueve vehículos

El esquema que usa de manera más general emplea nueve vehículos:

1. El vehículo de los oyentes, śrāvakayāna (sNyan-Thos-Kyi Theg-Pa)
2. El vehículo de los budas solitarios, pratyekabudayāna (Rang-rGyal-Kyi Theg-Pa)
3. El vehículo de los bodisatvas altruistas, bodisatvayāna (Byang-Chub Sems-Pa'i Theg-Pa)

Estos tres de arriba constituyen el sarvabavanayakayāna.

4. El vehículo de la actividad, kriyāyāna (Bya-rGyud)
5. El vehículo de la conducta, caryāyāna (sPyod-rGyud)
6. El vehículo que es supremo, anutarayāna (bLa-Na-Med-Pa'irGyud), que se conoce también como el vehículo de la meditación de yoga, Yogayāna (rNal-'Byor rGyud)

Estos tres de arriba constituyen el tapasvinkūlayāna.

7. El vehículo de los tantras padre, pitrāgayāna (Pha-rGyud), conocido también como mahāyoga.
8. El vehículo de los tantras madre matṛyagayāna (Ma-rGyud), conocido también como āgama anuyoga.
9. El vehículo del yoga no dual, advayayogayāna (atiyogayāna) (gNyis-Med-rGyud), conocido también como mahāsampanna atiyoga. El propio Advayayogayāna tiene tres secciones:
   a. La sección de la mente, citavarga (Sems-dDe)
   b. La sección del espacio, kavarga (kLong-sDe)
   c. La sección oral secreta, upadeśavarga (Man-Ngag-sDe)

Estos tres de arriba constituyen el śaktiupāyayāna.

Los tres primeros vehículos corresponden al sistema del vehículo de la causa, que depende de los signos. Los seis restantes pertenecen al vehículo del resultado, y emplean la enseñanza vajrayāna para ganar conocimiento y poder. El *tapasvinkūlayāna*, que comprende los tres primeros caminos tántricos, es restrictivo en su foco mientras los tres segundos tienen una visión más abierta.

De acuerdo al mahāyoga, no hay una regla estricta para determinar lo que es virtuoso y lo que no es virtuoso, puesto que todo es naturalmente puro desde el mismo principio e inmutable. Es el conocimiento humano el que ve las diferencias y emite juicios. Despertar a nuestra situación natural es el único medio para obtener la iluminación (abisambodh).

De acuerdo al āgama anuyoga, la presencia (vidyā) está naturalmente llena de claridad y gozo (mahānanda).

De acuerdo al mahāsampanna atiyoga, no hay necesidad de referirse al pasado o al futuro, ni de observar causa y efecto. En el momento presente, la presencia (vidyā) está de por sí inherente en los tres cuerpos o modos de iluminación, darmakāya, sambogakāya y nirmāṇakāya.

El darmakāya (Chos-sKu) o modo de la realidad es sin forma y sin sustancia, sin embargo, es la fuente de la iluminación. Es la verdad absoluta del saṃsāra, existe por sí misma y es eterna. Se representa con Samantabadra o Ādi-Buda.

El sambogakāya (kLong-sKu), o modo del disfrute es glorioso y hermoso. Es a la vez la refulgencia natural del darmakāya y la recompensa la culminación del mérito del Buda. Se representa con los Budas de las cinco familias, que son gozosos llenos de gracia.

El nirmāṇakāya (sPrul-sKu) o modo de participación es la presencia iluminada de los Budas, y conducen a los seres de la oscuridad a la luz, del sueño al despertar, de la ignorancia a la presencia. Se representa con el Buda Śākyamuni, que mostró la vacuidad y la ausencia de naturaleza inherente de todos los fenómenos.

El Mahāsampanna atiyoga se divide en tres secciones: citavarga, kavarga y upadeśavarga.

De acuerdo a la serie de la mente (citavarga, Sems-dDe), cualquier cosa que veas, sientas, toques y demás, no es más que reflejos de tu mente (cita). Este conocimiento está presente de modo natural, pues la mente en sí es presencia, claridad y vacuidad – pura y sin impureza. Por tanto, la mente no requiere nada externo para su purificación. En la serie de la mente, el foco se coloca sobre el sujeto (darmatā), mientras que en el mahāmudrā, el foco se coloca sobre el objeto (darma).

De acuerdo a la serie del espacio (kavarga, or dātuvarga, kLong-sDe), la visión es que todos los fenómenos (darmas) están contenidos en la realidad de la presencia (darmatā, Samantabadra), por lo que rechaza la introducción de interpretaciones presentadas por el conocimiento humano. Esta visión no necesita eliminar, purificar o transformar ningún pecado u objeto. En sí es la profundidad y la luz del conocimiento intrínseco o presencia. Con la práctica del modo indestructible (vajrakāya sādana), el cuerpo del meditador (sādaka) se manifiesta como un arcoíris. Hay muchos seguidores de esta práctica cuyo cuerpo como el arcoíris se ha fundido en el jñānakāya, el modo de integración de los tres modos de iluminación. Estos seguidores incluyen a Vimalamitra, Jñānasūtra, Jñānagarba entre los siglos nueve y once, y

Pema Dudul (*Padma dDud-'Dul*) y Tsangkor Drubchen (*rTshang-sKor Grub-Chen*) del siglo doce.

El dātuvarga resalta la no dualidad de la apertura o profundidad (*śūnyatā*) y la luz. Esto puede parecer similar a la visión Rim lNga (*panchkram*) que se tiene en la tradición Gelugpa. Sin embargo, esa visión afirma que los cinco vientos (*pañcavāyu*) del cuerpo se deben controlar y, por tanto, śūnyatā se alcanza gradualmente. Esto significa que para alcanzar śūnyatā y la luz uno tiene que esforzarse, mientras que en dātuvarga, no es necesario tal esfuerzo para alcanzar la luz.

De acuerdo a la serie secreta oral (*upadeśavarga, Man-Ngag-sDe*), la visión tiene que ver con despertar a la naturaleza de la propia existencia. La claridad no dual (*advayajñāna*) está libre tanto de ganancia como de pérdida pues ve y muestra la vacuidad (*śūnyatā*) del objeto (*darma*) y del sujeto (*darmatā*), y del saṃsāra y nirvāṇa. Por tanto, no se pone énfasis en la sādana. Con la luz de esta presencia (*jñānavidyā*) el darmatā gana autoconocimiento fácilmente. Entonces, cesan todos los tipos de razonamiento y no queda nada por hacer.

El upadeśavarga se centra en la experiencia de un objeto directo y por tanto puede parecerse a las seis uniones (*ṣaḍaṅga-yoga, sByor-Drug*) que se practican en la tradición Gelugpa, pero estas dos son diferentes. sByor-Drug cierra los cinco vientos en el canal central (*avadūti*) e intenta permanecer en la vacuidad para ganar felicidad suprema (*mahānanda*), mientras que upadeśavarga deja a un lado todos los pensamientos de la mente y descansa en la presencia intrínseca, nuestra presencia natural.

La doctrina upadeśavarga revela el modo iluminado de la presencia primordial (*jñānakāya*), que tomará forma como un arcoíris, en eso se considera superior a la doctrina dātuvarga. En el dātuvarga, hay solo tres puertas: cuerpo, voz y mente (*kāya, vāk* and *cita*), mientras que en la visión del upadeśavarga, el advayatatva o darmatā samapta dṛṣṭi, las tres puertas se funden en el jñānakāya.

Estas tres series, citavarga (*Sems-sDe*), dātuvarga (*kLongs-Sde*) y upadeśavarga (*Man-Ngag-sDe*), juntas constituyen la visión y práctica que se conoce como la gran completación (*mahāsampanna, rDzogs-Chen*), y hay una razón para este nombre. Todos los darmas que son posibles en los reinos del devenir (*bavadṛṣṭi, saṃsāra*), y en el nirvāṇa, están contenidos en la vacuidad (*śūnyatā*) y la presencia intrínseca (*vidyājñāna*), y esa es por qué es completo (*sampannatā*). A los pensamientos puros (*sūda*) e impuros (*aśūda*) que tienen lugar en la claridad y vacuidad de la presencia (*vidyāprākaśaśūnyatā*), se les llama la compasión que lo impregna todo (*karuṇāsarvavibu*). También se les llama la visión de la vacuidad no dual (*dṛṣṭiśūnyatā advaya*). No hay ninguna otra vía a la liberación (*mukti*) excepto las tres series mencionadas arriba, por eso se llaman grandes (*mahā*).

El yo (*atma*) es la autoluminosidad de la presencia. Se origina de la vacuidad (*śūnyatā*). Es completamente puro (*viśuda*). Por eso a la presencia (*vidyā*) y a la vacuidad (*śūnyatā*) se las llama no duales (*advaya*). La vacuidad surge por sí misma y es perfecta por sí misma (*svayamvibusidi*). La vacuidad y el resplandor (*prakāśa*) son no duales (*advaya*).

Debido a la ignorancia (*avidyā*), surgen diferentes tipos de pensamientos y esto es lo que se llama mente (*cita*). Debido a la ausencia de ignorancia, el objeto (*grāhya*) y el sujeto (*grāhaka*), están libres de elaboración conceptual (*prapañcarahita*) y son solo claridad y vacuidad (*prakāśunyatarahita*).

La presencia inseparable del conocimiento intrínseco (*vidyājñāna*) es tanto la fuente como el lugar de la integración de la presencia y la actividad mental. Cualquier cosa que se perciba está dentro de la mente (*cita*), y la mente es vacuidad. La vacuidad es la no dualidad, la unión de la experiencia y la vacuidad. Al comprender esta presencia-vacuidad que lo abarca todo, todos los fenómenos (*darma*) se vuelven claros. Esta es la manera de despertar a la presencia (*vidyā*).

Los objetos germinan en la mente (*cita*), que es vacuidad (*śūnyatā*), que es presencia inmutable y luz. Cuando uno entiende esto, que es todo, descansa en el conocimiento de la gran completación (*mahāsampannatā*).

De acuerdo a esta visión, no es necesario seguir una meditación estructurada puesto que la enseñanza de un gurú es suficiente para obtener la sabiduría. Si uno no logra obtener la sabiduría de las enseñanzas de un gurú, incluso entonces la obtendrá en el bardo.

La sabiduría es la pureza misma. Es, por tanto, necesario que permanecer en ella tal como es y no la contaminemos con una confianza innecesaria en nuestros pensamientos. Por ejemplo, el sol siempre brilla, aunque pueda estar oculto por las nubes y vapores creados por su propio calor. De manera similar, hay elementos que oscurecen la sabiduría pero que son inseparables de la sabiduría y, por tanto, hemos de morar en la sabiduría en todo momento y en todas las situaciones.

Esto queda patente en el siguiente extracto del capítulo 4 de LA ORACIÓN DE LOS SIETE CAPÍTULOS (GSOL 'DEBS LE'U BDUN MA)[2] de Padmasambava.

> "Con respecto a los objetos del ojo que son las apariencias de absolutamente todas las entidades externas e internas que constituyen el universo y sus habitantes, mantén la apertura de permitir que estas apariencias surjan, pero sin aferrarse a ellas como si fueran algo inherentemente real. Ve que son las formas radiantes de la claridad y la vacuidad, puras y naturalmente libres de objetos atrapables y de mente que atrapa.
>
> Con respecto a los objetos del oído de los sonidos que se toman por agradables o desagradables, mantén con todos los sonidos la apertura de sonido y vacuidad libre de todo pensamiento discriminante implicado. Esto es sonido y vacuidad, el habla no nacida y sin obstáculos del Buda.
>
> Con respecto a los objetos de nuestra mentación, el movimiento inquieto de los pensamientos de los cinco venenos aflictivos[3], no entres en las actividades artificiales del intelecto de esperar pensamientos futuros y perseguir pensamientos pasados. Al dejar el movimiento inquieto tal cual es, nos liberamos en el Darmakaya.

Externamente, ve que todas las apariencias de los objetos aprensibles son puras. Internamente, experimenta la liberación de tu mente aferradora. Con esta no dualidad de externo e interno, experimenta la claridad de ver tu propia naturaleza".

Toda la visión descansa sobre tres puntos:

1. No confíes en los objetos externos que constituyen este mundo.
2. Mantén la mente sin involucrarse en los pensamientos internos que surgen.
3. Al observar estos dos puntos, luz o claridad, y profundidad o vacuidad, se revelan como la realidad de la naturaleza propia.

La gran completación (*mahāsampanna*) tiene tres aspectos: fuente (*mūla*), camino (*mārga*) y resultado (*phala*). La fuente, o raíz, o base (*mūla*) es la presencia (*vidyā*), que ha estado desde el mismo principio libre e intacta de todos los diversos pensamientos, buenos y malos, que constituyen el saṃsāra y el nirvāṇa. No está manchada por los engaños mundanos. Esta pureza natural, que es intrínsecamente libre en el pasado, presente y futuro, es la fuente.

El camino o sendero (*mārga*) es presencia (*vidyā*) que está libre del bien y el mal, y también de la ausencia del bien y el mal. Es vacuidad (*śunyata*), y es como el centro del cielo azul claro. A esto se le llama el camino.

El resultado (*phala*) es presencia (*vidyā*), que cumple todos los requisitos del camino y sin esfuerzo obtiene la pureza, profundidad y luz natural.

Hay dos estilos de práctica para la fuente, camino y resultado:

1. La pureza primordial, vasta y profunda de "cortar a través" (*Yang-Zab Ka-Dag Khregs-Chod*), que también se describe como "experiencia indirecta".
2. La infinita inmediatez de la "espontaneidad directa" (*rGya-Che-Ba Lhun-Grub Thod-rGal*), que también se describe como "experiencia directa".

Cortar a través, o experiencia indirecta.

La sabiduría o presencia natural no ha cometido ningún error por el cual se crearon nuevas cosas. Por tanto, no había necesidad de un Buda, porque la sabiduría es la pureza misma. Tal conocimiento en sí ya está siempre dentro de la sabiduría y se conoce por el nombre de Darmakāya Samantabadra, o Mahāmāta Prajñāpāramitā Darmakāya. La ausencia de sabiduría trae ignorancia, deseo y enfado, que son las raíces de todas las aflicciones. Las aflicciones tienen seis formas principales: ignorancia, pereza mental, deseo, enfado, orgullo y celos, que nos echan a la red de los doce eslabones de la cadena de originación interdependiente (*pratītyasamutpāda*).

Son los siguientes:

1. avidyā, ignorancia
2. saṃskāra, asociaciones y suposiciones
3. vijñāna, consciencia

4. nāma-rūpa, nombre y forma
5. satāyatana, los seis órganos sensoriales
6. sparśa, contacto
7. vedanā, sentimientos
8. tṛṣṇā, ansia o anhelo
9. upadāna, fascinación sensual
10. bava, procreación
11. jāti, nacimiento.
12. jara-maraṇa, vejez y muerte

Debido al error y al pecado (*pāpa*) que nos encadena y nos empuja, una persona tiene que pasar por los seis reinos de existencia, que son: infierno (*naraka*); espíritu hambriento (*preta*); animal (*tiryagyoni*); humano (*manuṣya*); semidios (*asūra*); y dios (*sūra* or *deva*).

Todas las etapas conectadas, desde la ignorancia hasta la muerte, surgen debido a la ignorancia de la sabiduría. Son ilusiones desprovistas de naturaleza propia inherente. La sabiduría no se ve afectada por el saṃsāra o el nirvāṇa. Es profundidad y luz y brillo como el sol, lleno de empatía, amabilidad y claridad. El pensamiento que surge del conocimiento dentro de los seis reinos no puede afectar a la sabiduría que tiene profundidad natural, luz y capacidad de respuesta empática. Al no tener forma de ningún tipo, la sabiduría no tiene sesgo y lo impregna todo, como el aceite en una semilla de sésamo. La sabiduría natural está oculta por la cosificación y el apego incrustados en la base de la consciencia impregnada de ignorancia (*ālayavijñanā avidyā*). Por tanto, uno no debería actuar de acuerdo a los pensamientos que surgen del conocimiento humano.

Siempre se debería tener en mente que la sabiduría natural está en todos lados, especialmente cuando llega sentimos una tentación tan fuerte como el agua que cae de lo alto de una montaña. No pienses en el sujeto o en el objeto; permanece neutral, entonces conocerás y conseguirás la sabiduría, como los tres modos inseparables de la iluminación (*darmakāya*, *sambogakāya* and *nirmāṇakāya*). Incluso las acciones sagradas, teóricas o prácticas, no hace falta realizarlas pues también están contenidas dentro de la sabiduría. No hay necesidad de actividad investigadora o de su resultado. Al ganar la sabiduría, la felicidad (*ānanda*) y la luz (*jyoti*), se incrementan. Con esto no se prestará atención a los pensamientos que surgen del conocimiento humano. Este es el destino final de todos y de todo.

Espontaneidad directa o experiencia directa

De acuerdo a la visión de la espontaneidad directa, expuesta en EL TESORO DE PIEDRAS PRECIOSAS, MU-TIG RIN-PO-CHE PHRENG-BA:

Lus-Kyi-gNad-Ni-rNam-gSum-sTe Seng-Ge'i-Tshul Dang

gLang-Chen-Tshul Drang-Srong-lTa-Bur-Zhes-Par-Bya.

"Por tanto, uno debe adoptar las posturas de meditación de los tres modos de iluminación. Para el darmakāya, uno debería ponerse de pie o dormir como un león. Para el

sambogakaya, uno debería estar de pie o dormir como un elefante. Para el *nirmāṇakāya*, uno debería sentarse como un rishi o un sabio".

Al practicar así, uno tiene que permanecer en silencio. Los dientes no deberían cerrarse en la boca. Respirar con suavidad. Al exhalar, la inquietud interna se expulse. Por tanto, la mente permanece firme en su sabiduría. Cuerpo y mente deberían mantenerse como antes.

La profundidad (*śūnyatā*), la luz (*jyoti*) y la participación empática (*Thugs rJe*) tienen seis lámparas que nos permiten ver cuatro objetos.

Seis lámparas, sGron-Ma Drug

1. Tsit-Ta Sha-Yi sGron-Ma

   Esta lámpara representa el corazón del que surgen las cuatro cualidades doradas: sabiduría, profundidad, luz y naturalidad, o participación empática. El núcleo del corazón es Buda. La sabiduría, la profundidad, la luz y la naturalidad o participación empática están centradas en esto.

2. rTsa-Dar dKar-Lam-Gyi sGron-Ma

   Los canales son como la seda blanca. De estos canales, dos se extienden como los cuernos de un caracol y llegan a las retinas. Estos canales son transparentes y puros y esta lámpara se llama "el camino del canal blanco", a través del que fluye la profundidad, la luz, la sabiduría y la empatía.

3. rGyang-Zhag Chu'i sGron-Ma

   Es el canal de conexión entre el ojo y el corazón por el que la sabiduría da la vista. Se ven así todas las cosas y se llama Samantabadra.

4. dByings rNam-Dag-Gi sGron-Ma

   Si te concentras y miras al cielo azul, el color se aclara y se vuelve transparente a través de la sabiduría, y eso se llama "luz pura natural".

5. Thig-Le sTong-Pa'i sGron-Ma

   Es la visión de la esfera de la vacuidad. Uno ve rayos de diferentes colores y allí encontrará muchas partículas pequeñas que son todas esferas vacías.

6. Rig-Pa rDo-rJe Lug-Gu-rGyud Shes-Rab Rang-Byung-Gi sGron-Ma

   Esta lámpara es la luz de la sabiduría autoexistente (*jñānapradīpa*). Es como el cielo azul (*dātu*), una esfera vacía (*bīndu*), y del color de la cola de un pavo real. De ella aparece la lluvia, que cae como cabellos anudados o hilos de perlas, o guirnaldas de flores. En ellos se ve la sabiduría como el cielo azul donde se ve la esfera vacía (*bīnduśūnyatā*) y donde encontramos la sabiduría suprema (*parāvidyā*) que no desaparece. El cielo azul es el signo de la fuente (*mūla*); la esfera vacía (*bindu, Thig-Le*) es el signo del camino; y con la sabiduría de la quietud total (*sarvashestajñāna*), la sabiduría suprema (*parāvidyā*), hay rayos de luz, el signo de la empatía, el resultado.

La sabiduría y los tres modos de iluminación (*Triparākāya, sKu-gSum*)

La sabiduría no la crea el pensamiento, o el cerebro, ni la prepara nada. Es primordial, auto-originada y no hay razón para su existencia. Es la pureza en sí desde el mismo principio y es la verdad real. Es fiable, inmutable y auténtica. Su característica es la profundidad (*śūnyatā*). Estas son las características del modo natural (*darmakāya*).

Esta sabiduría no pueden destruirla los cuatro elementos. Debido a su brillo que da luz a todo, no puede ser cubierta ni ocultada por las cinco aflicciones (*kleśas*) del enfado, deseo, estupidez, celos y orgullo, tampoco por las tres aflicciones principales del enfado, deseo y estupidez. Estas son las características del modo de disfrute (*sambogakāya*).

Tras obtener la sabiduría, uno debería estar satisfecho, pues no hay engaño en ella. Por el bien del saṃsāra, en cualquier momento la sabiduría puede causar manifestaciones compasivas ilusorias. Estas son las características del modo de participación (*nirmaṇakāya*).

Cinco caminos, Mārgas, en relación a la sabiduría

1. El camino de la acumulación (*sambāramārga, Tshogs-Lam*) es la manera de lograr la sabiduría. Sambāramārga significa reunir la acumulación de mérito para lograr la sabiduría.
2. El camino de la participación (*prayogamārga, sByor-Lam*) es practicar, ser activo en lograr la sabiduría.
3. El camino de la visión (*darśanamārga, mThong-Lam*) significa que después de completar los dos primeros caminos, uno ve o conoce la sabiduría.
4. El camino de la contemplación (*bāvanāmārga, sGom-Lam*) sucede cuando se ve o se conoce la sabiduría. Entonces no hay base para la incertidumbre o la duda, por lo que todas las incertidumbres desaparecen.
5. En el camino de no más aprendizaje (*aśaikṣamārga, Mi-sLob-Lam*) o el camino supremo (*anutaramārga*) se entra al completar los cuatro caminos previos y por tanto uno permanece en la sabiduría.

Diez etapas de la sabiduría

Estas etapas no tienen conexión con los dos primeros de los cinco caminos señalados arriba. Las etapas uno a siete están conectadas con el tercer camino, el camino de la visión. Las etapas ocho y nueve están conectadas con el cuarto camino, el camino de la contemplación. La etapa diez está conectada con el quinto camino, el camino de no más aprendizaje.

1. La etapa de la felicidad suprema (*pramuditābūmi*). Con el camino de la visión, darśanamārga, la verdad de la realidad, darmatāsatya, se ve o conoce la sabiduría y todos los pensamientos son inseparables de la vacuidad, proporcionando gran felicidad.

2. La etapa de la pureza (*vimalābūmi*). Al ver o conocer la sabiduría, se vuelve claro que la sabiduría es la fuente y está libre de toda limitación.
3. La etapa de la luz (*prabākarībūmi*). Al ver o conocer la sabiduría, hay luz y claridad. Eso significa que todas las acciones son completas.
4. La etapa de la luz que se manifiesta (*arciṣmatībūmi*). Al ver o conocer la sabiduría, está el conocimiento de que la profundidad, la luz y demás, son inseparables en no dualidad.
5. La etapa de lo inevitable (*sudurjayābūmi*). Al ver o conocer la sabiduría, incluso el pensamiento más pequeño de sufrimiento, o de un sujeto, o de un objeto, se desvanece.
6. La etapa de confrontar (*abimukībūmi*). Con la sabiduría, su poder deja en claro todo el aprendizaje y modos divinos.
7. La etapa de la liberación de la contaminación (*duraṁgamābūmi*). Al obtener la sabiduría, se desvanecen todos los pensamientos derivados del conocimiento humano.

Los siete būmis (etapas) enumerados aquí se llaman los "siete būmis contaminados" (aśūdasaptabūmi).

8. La etapa de lo inmutable (*acalābūmi*). La esfera autoexistente de la presencia (*vidyājñānabīndusvabāva*) es el logro de la no dualidad que lo impregna todo (*advayavibusidi*) y, por tanto, se llama "la etapa inmutable".
9. La etapa del buen intelecto (*sādumatībūmi*). Al ganar la sabiduría, uno se vuelve la luz autoexistente (*swayaṁprakāśa*).
10. La etapa de la nube sagrada (*darmameghābūmi*). El espacio (*dātu*), la sabiduría (*vidyā*) y la presencia (*jñāna*) son inherentemente puros y claros, y son inseparables de la vacuidad.

Estas tres etapas enumeradas arriba se llaman las "tres etapas puras y claras" (viśudatribūmi).

Seis etapas adicionales específicas del Vajrayāna

1. La etapa de la fuente de todo (*sarvaprabava būmi*). Esto significa que la luz y el poder (*śakti*) están siempre disponibles. Quien logra esta etapa plenamente, logra el *vibusidibūmi*.
2. La etapa de la liberación de los deseos mundanos (*akāmāpadmavana būmi*). Esta etapa está libre de deseo y avaricia y, por tanto, ningún daño puede afectarla.
3. La etapa que es indestructible (*vajradara būmi*). Con esta etapa, nada puede destruir la propia claridad, por lo que es como el vajra.
4. La etapa de la sabiduría del gran gozo de toda la experiencia (*jñānacakramahāsambara būmi*). Cuando uno gana esta etapa, uno puede ver el mandala divino y puede hacer que otros lo vean.
5. La etapa de la absorción imperturbada (*mahāsamādi būmi*). Tras lograr esta etapa, uno vive en la sabiduría y nada puede apartarte de ella.
6. La etapa de la maestría en la sabiduría (*jñānaguru būmi*). Tras ganar esta etapa, la sabiduría se vuelve autónoma, surge por sí misma, por lo que se llama la "etapa de la maestría sin esfuerzo".

Las cinco etapas de arriba pertenecen a la etapa del beneficio universal (sarvaprabāva būmi).

Con el logro de esta etapa, uno ha completado todas las etapas de la sabiduría y se convierte en un maestro de la gran perfección, mahāsampanna, y está dotado de poder para hacer el bien en el mundo.

Las cuatro visiones, o experiencias visionarias, sus jurisdicciones y resultados, mostrando las Seis Lámparas

1. La visión de la revelación de la realidad (*darmatā abimuktidṛṣṭi, Chos-Nyid mNgon-Sum-Gyi sNang-Ba*): la realidad se vuelve clara al abandonar la interpretación. Salen rayos del sol en el cielo, por tanto, todo se sale de la sabiduría. Esferas vacías (*śūnyatābīndu, Thig Le*) y luz son visibles desde el chakra sobre la nariz entre las cejas (*ajñācakra*). Con la revelación de la realidad, desaparece la creación de pensamientos en la mente y, así, se manifiestan todas las cualidades de los Budas.
2. La visión de las experiencias meditativas que siempre van en aumento (*rNyams Gong-'Phel-Gyi sNang-Ba*): las experiencias de la práctica se desarrollan. Cuando se consigue sabiduría directa, hay contentamiento, imparcialidad, fortaleza y liberación de la ilusión. Visiones como un arcoíris se vuelven visibles, se incrementan y se vuelven claras. Uno se libera entre la muerte y el renacimiento.
3. La visión de la presencia libre de límite (*Rig-Pa Tshad-Phebs-KyisNang-Ba*): entendimiento correcto que llega como el sol naciente. La sabiduría no tiene nacimiento, sino que es autoexistente. Desde el principio es pureza, verdad y justiciar. No experimenta obligaciones de ningún tipo. Es brillante. No tiene nacimiento o parada, y no hay ilusión de ninguna clase. Todos los cuerpos de los seres humanos se unirán en él como un arcoíris.

    ### Con respecto a la jurisdicción:

    Jurisdicción externa. En este momento uno se olvida de todas las cosas pero ve los reinos divinos (*devakṣetra*).

    Jurisdicción interna. Quien ha ganado la sabiduría se vuelve puro y alcanza el nivel de las deidades y la luz suprema, y será confirmado con luz suprema (*mahāsandi abiṣeka*).

    Jurisdicción central. La mente se vuelve pura y ve la vacuidad (*śūnyatā*) cara a cara sin obscurecimientos ni aflicciones (*kleśa*).

    ### Con respecto al resultado:

    A través de esta visión, uno se libera en el modo del deleite (*sambogakāya*).

4. La visión de la culminación de la realidad misma (*darmatāsamāptadṛṣṭi, Chos-Nyid Zad-Pa'i sNang-Ba*): todas las limitaciones y obstáculos cesan en la realidad que disuelve a sí misma (*darmatā*). Con esto se pone fin a los objetos externos, y los pensamientos internos, hábitos y aflicciones, todos cesan. En la Fuente, el poder de generar tales experiencias también cesa. La sabiduría directa que es visible también cesa. Cuando

esto sucede uno se funde en la joya de la completación auto-ocurrente (*svāyamsidiratna*). Esa etapa tiene cuatro cualidades:

i. El conocimiento que se tiene llena el cielo.
ii. Los elementos no tienen efecto, pues uno se ha vuelto inmortal.
iii. La sabiduría mora en la inseparabilidad de la iluminación y el espacio (*dātubuda*).
iv. Uno permanece en la posición que le corresponde, que no cambia. Con esta etapa, todos los obscurecimientos al conocimiento y por el conocimiento (*jñeyāvaraṇa*) se purifican y uno funciona a lo ancho del espacio que lo abarca todo (*darmadātu*) para el bien de todos.

La sabiduría está por todos lados en el saṃsāra, pero cuando uno muere sin despertar, no se reconocen las cuatro visiones.

Cuatro poderes surgen debido a estas cuatro visiones

1. Cuando uno gana jurisdicción externa, uno ve solo los reinos divinos.
2. Cuando uno gana jurisdicción interna, el cuerpo se llena de arcoíris y esferas (*bīndu*).
3. Cuando uno gana jurisdicción central, uno tiene clarividencia.
4. Con el resultado, uno supera el nacimiento y la muerte y puede hacer lo que quiera.

Esto se manifiesta como cuatro valentías

1. Uno no tiene miedo de sufrir.
2. El sufrimiento y la Felicidad son iguales (*sukaduḥkasamatā*).
3. Uno no está orgulloso de ser un Buda.
4. A uno no le importa inclusión si no obtiene la iluminación.

La sabiduría no surge ni cesa. No necesita trabajar para nada. Siempre actúa por el bien del universo.

Notas

[1] Tantra es la visión y práctica que revela la integración no dual y la continuidad de la experiencia. Disuelve el engaño de percibir entidades reales separadas.

[2] Lama, C.R. y Low, J. Los siete capítulos de la oración, tal como fueron enseñados por Padmasambava de Urgyen, conocido en tibetano como As Le'u bDun Ma, (edición Khordong, 2008).

[3] Enfado, deseo, estupidez, orgullo, celos.

2

La Tradición Ñingma

Para que las personas corrientes y de mente pequeña obtengan la felicidad de los reinos superiores de hombres y dioses, deben practicar la contemplación de los cuatro pensamientos que cambian la actitud (*bLo-lDog rNam-Pa bZhi*)[1], y tomar refugio en las Tres Joyas de Buda, Darma y Sanga.

El Hinayana

Con los caminos Hinayana (*Theg-dMan*) de los Oyentes, (*Śrāvaka, Nyan-Thos*) y de los Iluminados Autónomos (*Pratyekabuba, RangrGyal*), los seres de capacidad media desarrollan una actitud de repulsa por el samsara y, sobre esta base, obtienen los estados de Śrāvaka, o Derrotador de la Limitación (*Arhat*), o Arhat Pratyekabuda. Para conseguir esto siguen el camino de las Cuatro Verdades Nobles (*'Phags-Pa'i bDen-Pa bZhi*)[2] y el camino de los tres entrenamientos superiores (*Lhag-Pa'i bsLab-Pa gSum*)[3] y, entonces, ganan el estado de los santos arhats (*'Phags dGra-bCom-Pa*).

El Mahayana

1. Sutra

A través del camino del sutra, se entienden las características generales (*mTshan-Nyid*) de todos los fenómenos (*Chos Thams-Cad*) y las características propias de uno. Sobre esta base, al usar los seis paramitas[4] y los otros cuatro factores cooperantes (*bsDu-Ba'i-dNgos-Po bZhi*)[5], así como los otros aspectos de la conducta, visión y meditación del Bodisatva, después de mucho tiempo, al final de muchos innumerables eones (*kalpas*), uno obtiene el estado de Budeidad (*Byang-Chub*). El método para conseguir esto es desarrollar de modo perfecto una aspiración altruista para la iluminación.

2. Tantra

Con los medios del camino del tantra, que es para los grandes seres, uno no examina las características generales de todos los fenómenos, o la propia naturaleza de uno, más bien uno entiende la naturaleza verdadera de la propia situación interna original (*Don-Dam*, absoluta), y entonces uno gana la Budeidad (*'Tshang-rGya-Ba*) de la propia naturaleza verdadera.

Sutra y Tantra

EL REY QUE LO CONSIGUE TODO (*SARVAKRUTA RAJASUTRA, KUN-BYED RGYAL-PO*), perteneciente al periodo de la traducción temprana (*sNga-'Gyur*, es decir, *rNying-Ma*) dice: "Hay dos vehículos (*Theg-Pa*), el vehículo causal que depende de características externas (*sutralakshanahetuyana, mTshan-Nyid rGyu-Yi Theg-pa*) y el vehículo orientado al resultado (*phalavajrayana, 'Bras-Bu sNgags-Kyi Theg-Pa*)." Entonces, todos los sistemas del darma están comprendidos entre estos dos, los sutras y los tantras. Debido a sus múltiples características especiales, el *Vidyadarayana* tántrico que utiliza el resultado (*'Bras-Bu*)[6] es superior al camino del Sutra, que se centra en las causas para obtener la iluminación.

Diferencias entre Sutra y Tantra

De acuerdo con el Sistema sutra del vehículo causal que depende de características externas (*rGyu'i mTshan-Nyid-Kyi Theg-Pa*), la naturaleza básica (*Khams*, componente raíz) del corazón base primordial de la Budeidad (*sugatasara, Ye-gZhi bDe-gShegs sNying-Po*) la poseen todos los seres en forma de semilla desde el principio. Entonces, debido al factor causal (*rKyen*) del desarrollo gradual de tanto la acumulación de mérito basada en objetos que se pueden percibir (*dMigs-bCas bSod-Nams-Kyi Tshogs*), y la acumulación de conocimiento intrínseco basado en la no-percepción de objetos sustanciales (*dMigs-Med Ye-Shes-KyiTshogs*), en algún momento del futuro, tras un tiempo muy largo al final de tres, o siete, o treinta y dos inconmensurables eones (*bsKal-Pa Grangs-Med*), ganarán el estado del resultado de Budeidad. Por tanto, se dice que, en este caso, la causa viene primero y el resultado viene después.

De acuerdo con el sistema tántrico, el vehículo del mantra secreto indestructible (*guhyamantravajrayana, gSang-sNgags rDo-rJe Theg-Pa*), la esencia base de claridad[7] natural tiene todas las cualidades buenas (*Yon-Tan*) que surgen sin esfuerzo (*Lhun-Grub*), y está presente en la propia mente. Como el cielo, es la base sobre la que se hace la limpieza[8]. Encima de esto está aquello que hay que purificar (*sByang-Bya*), las afliciones (*Nyon-Mongs*) de las ocho conciencias (*Tshogs-brGyad*)[9] con sus objetos, que son como nubes que surgen en el cielo. Los agentes de purificación (*sByong-Bar-Byed-Pa*) son los métodos profundos de las iniciaciones que hacen madurar, el desarrollo liberador (*bsKyed-Rim*) y los sistemas que perfeccionan (*rDzogs-Rim*) a través de los cuales se quitan los oscurecimientos igual que el viento quita las nubes del cielo. El resultado de esta limpieza (*sByang-'Bras*) es que uno gana el estado de Buda del entendimiento claro de la naturaleza original de la base de todo (*alayavijñāna, Kun-gZhi*), el corazón base primordial de la Budeidad (*bDe-gSheg-sNying-Po*). Esto se gana rápidamente, tanto en esta vida, en el estado intermedio del bardo después de la muerte, o como mucho después de siete vidas. Puesto que esta doctrina tiene el poder de logra esto, se dice que tiene la naturaleza de la no-diferencia entre causa y efecto (*rGyu-'Bras dByer-Med*). Por tanto, aunque el sutra y el tantra tienen la misma intención, que es la obtención del resultado de budeidad, sus métodos de práctica son diferentes.

Aquellos que practican el camino del sutra ignoran su naturaleza original, que es la gran apertura uniforme de la no dualidad natural de las apariencias del samsara y del mandala natural y perfectamente puro de las deidades de meditación[10]. Debido a esto, tienen la visión de adoptar (virtud) y abandonar (pecado), mientras que quienes practican el camino del tantra tienen el conocimiento inseparable de la verdad de la igualdad pura de todas las cosas y, por tanto, son capaces de practicar la no dualidad de causa y efecto, y de adoptar y abandonar. No desconocen de la visión correcta.

En el sistema del Sutra, está el concepto (*dMigs*) de adoptar y abandonar, y entonces uno no es capaz de utilizar todas las cosas como ayudas en el camino. Pero en el sistema tántrico hay muchos métodos diferentes de practicar de acuerdo al resultado, que se gana por tanto rápidamente, y por eso es más profundo. Debido a esto, el tantra tiene el modo de practicar que está libre de dificultades (*dKa'-Tshegs-Med*), mientras que el camino del Sutra carece de esta cualidad. Este camino profundo es solo para aquellos con inteligencia muy aguda, pues solo ellos lo pueden hacer plenamente, así que este camino tántrico es muy especial.

Además, esta no diferencia de causa y resultado es clara en el sistema *Anutarayoga*, y está presente supremamente en la gran completación (*rDzogs-Pa Chen-Po*), libre de toda actividad mundana y esfuerzo. Asimismo, comparado con el sistema Sutra, el kriyayoga y demás están también libres de ignorancia[11], y por tanto son especiales. Y con las seis clases de tantra[12], si se comparan los primeros con los últimos, entonces los últimos se consideran más elevados, (*Ma-rMongs*), menos insípidos y, por tanto, especiales.

Por tanto, el camino del sutra se conoce como el vehículo causal (*rGyu'i-Theg-Pa*). Con la práctica de este camino, que es la causa de la Budeidad, el resultado se obtiene más tarde. En el tantra, sin embargo, a través de los métodos supremos, al utilizar el camino del resultado de los tres modos de iluminación (*kāya, sKu*), el resultado se gana muy rápidamente y, por tanto, se llama el vehículo del resultado (*'Bras-Bu'i-Theg-Pa*).

El sistema Ñingma del Tantra

Ahora, aunque hay incontables tantras en el sistema tibetano, se pueden distinguir con relación a si son del periodo de traducción antiguo o del nuevo, y por ello tenemos estas dos clases: las traducciones nuevas (*Phyi-'Gyur*) y las traducciones antiguas (*sNga-'Gyur*, o *rNying-Ma*).

Con respecto a las doctrinas de la escuela de la traducción antigua, EL TANTRA DE LA EXPLICACIÓN: ASAMBLEA DE CLARIDAD (*bShad-rGyud dGongs-Pa 'Dus-Pa*), que es considerado como auténtico por todos los budistas tibetanos, dice: "Kun-'Byung-'Dren Dang dKa'-Thub Rigs dBang-bsGyur Thabs-KyiTheg-Pao." Es decir, "Están los tres vehículos del Darma, llamados *Kun-'Byung-'Dren, dKa'-Thub Rigs,* y *dBang-bsGyur-Thabs*"[13]. De los caminos del sutra y del tantra, los caminos tántricos son más poderosos. En particular, el *dBang-bsGyur Thabs-Kyi Theg-Pa* (*shaktiupayayana*, vehículo de métodos poderosos), es especial porque los tantras de las tres clases inferiores[14] alientan (*bLang*) el uso de virtudes y el abstenerse (*Dor*) de manchar (*Dri-Ma*) la mente, y esto es muy difícil y cansado.

La visión del Mahayoga

Sin embargo, en realidad, este esfuerzo no es necesario puesto que el *utpanna mahayoga* nos enseña que de, o en (*Las*) el espacio que lo abarca todo (*darmadātu, dByings*) inseparable de la presencia primordial[15] (*Rig-Pa*) libre de todo cambio, todos los fenómenos[16] son el flujo de la energía de la presencia[17] y, por tanto, desde el mismo principio solo y exactamente ha existido la Budeidad (*mNgon-Par Byang-Chub-Pa*).

La visión del Anuyoga

Esta es la visión de que todos los recuerdos y pensamientos, cualquier cosa que surja en la mente (*Dran-Rig*), han sido Buda (*Sang-rGyas* es decir, puro y perfecto) desde el mismo principio dentro de la gran expansión de la claridad (*darmadātu, 'Od-gSal Yangs-Pa Chen-Po*).

La visión del Atiyoga

La práctica llena de esfuerzo de las causas y condiciones[18] no es necesaria ya que sólo en el estado de presencia (*vidya, Rig-pa*) los tres modos o kāyas[19] son naturalmente completos y por el conocimiento de este punto crucial uno tiene la pureza que está totalmente libre del samsara. Esta es la visión de Mahasampanna o Mahasandi, *rDzogs-Pa-Chen-Po*, Atiyoga.

El Mahasampanna atiyoga tiene los tres aspectos de *Sems-sDe* (*citavarga*), *kLong-sDe* (*kavarga*) y *Man-Ngag-sDe* (*upadeshvarga*).

En cuanto a la visión de *Sems-sDe*, la sección de la mente, todo lo que aparece[20] se ve dentro de la naturaleza de la mente[21] y esa mente misma[22] surge como conocimiento intrínseco autoexistente o natural (*Rang-Byung-Gi Ye-Shes*). Por lo tanto, no hay nada más que este conocimiento intrínseco autoexistente y, por lo tanto, uno debe entrar en la claridad (*gTan-La 'Bebs-Pa*) de este sujeto (*Yul-Can*[23], el que "tiene" el objeto) en la situación de la pureza primordial (*Ka-Dag*) de la presencia abierta, vidya y śūnyatā (*Rig-sTong*).

El sistema de enseñanza de esta vía tiene ciertas similitudes con el Mahamudra (*Phyag-Chen*). Sin embargo, la práctica del Mahamudra consiste en comprender la naturaleza del objeto (*Yul-La Phar-rGyas 'Debs-Pa*) mientras que este sistema *Sems-sDe* se concentra en comprender la naturaleza del sujeto (*Yul-Can*), por lo que no son lo mismo.

En cuanto a la visión de la sección del espacio, *kLong-sDe*, todos los fenómenos posibles (*darmas, Chos*) no tienen otro lugar o destino que estar dentro de la naturaleza de darmatā samantabadra (*Chos-Nyid Kun-TubZang-Po*, que es la realidad de la perfección dentro del darmadātu). Por lo tanto, ya que no hay otra fuente (*gZhan-'Byung 'Gog-Pa*) que la naturaleza (*kLong-Las*, desde dentro) de darmatā (la realidad de la existencia) nos relajamos para encontrarnos dentro de la situación libre de esfuerzo (*Bya-rTsol-Med-Pa*), que es el punto esencial e importante de la liberación de forzar al sujeto sobre el objeto[24]. Por medio de esto, uno tiene el conocimiento intrínseco de la inseparabilidad (*Zung-'Jug*) de la profundidad y la claridad (śūnyatā prakash, Zab-gSal). Este es el método profundo para practicar el "cuerpo de arco iris" (indradanurupa, 'Ja'-Lus) y el modo indestructible (vajrakāya, rDo-rJe'i-sKu). Todos los Vidyadaras (Rig-'Dzin) que anteriormente se adentraron en este camino tántrico obtuvieron el cuerpo arco iris (jñānakāya, Ye-Shes-Kyi sKu).

Este camino kLong-sDe del surgimiento de la claridad vital ('Od-gSal rTsis-Po Cir-Byad-Pa) se parece las cinco etapas (pancakrama, Rim-lNga) de las enseñanzas de Guhyasamaja de las Escuelas de la Nueva Traducción. Sin embargo, con el pancakrama se atan las actividades de los cinco vientos (vayu, rLung) y mediante este importante paso se sujeta firmemente el cuerpo ilusorio, la imagen reflejada de la forma. Luego, a partir de esto, se obtiene el brillo de la claridad (es decir, se obtiene un cuerpo de luz). Por lo tanto, este método requiere esfuerzo. Pero el kLong-sDe está libre de cualquier forzamiento del sujeto sobre el objeto (dMigs-gTad Bral-Ba) y por lo tanto mantiene la mente en la situación libre de esfuerzo y lucha, y por lo tanto estos dos métodos no son lo mismo.

En cuanto a la visión de Man-Ngag-Gi-sDe (upadeshvarga), por el conocimiento intrínseco no dual de la unión (yuganada, Zung-'Jug, acoplamiento completo de las apariencias y śūnyatā, etc.) libre de adoptar y descartar (sPang-bLang) todos los fenómenos del samsara y el nirvana se practican o experimentan (sKyel-Ba) dentro de la situación de realidad, darmatā, que no se capta como mera vacuidad[25]. Por este punto esencial (gNad, idea vital o comprensión) el samsara y el nirvana se ven sin ninguna diferencia como presencia (Rig-Pa) en sí misma. El objeto darmatā surge claramente en la mente y entonces la propia presencia (vidya, Rig-Pa) madura con la vinculación continua del surgimiento del campo[26]. Todo examinar y discriminar (YiddPyod) cesa y uno llega a experimentar claramente la claridad natural del modo original (gNas-Lugs)[27].

Mediante el punto de vista de gMan-Ngag sDe la visión (sNang-Ba) del camino directo (Thod-rGal) se hace clave. Puede parecer similar a la doctrina de la Nueva Traducción de sByor-Drug, pero con el sByor-Drug los cinco vientos (rLung-lNga) son forzados a entrar en el canal central, avaduti, y por este punto importante, mediante el esfuerzo se hace surgir las apariencias de la forma de śūnyatā y así se avanza lentamente en el camino del gran gozo (mahasuka, bDe-Ba Chen-Po). Mientras que aquí, con Man-Ngag-sDe, se abandona el examen mental y la discriminación y entonces uno está claramente presente con la claridad natural del modo original, y por eso estos dos métodos no son similares.

Este camino de Man-Ngag-sDe es superior a la práctica de la liberación en el jñānakāya indradanurupa (Ye-Shes-Kyi-sKu-'Ja'-Lus) de kLong-sDe y así sucesivamente, porque aquí no hay ni siquiera los rastros puros del cuerpo fino y puro que se desarrolla a partir de las formas burdas del cuerpo, el habla y la mente[28]. Pero aquí, con el pleno desarrollo del surgimiento no dual (sNang-Ba, visión, experiencia) de la liberación completa tanto del objeto como del sujeto (Chos-Nyid Zad-Pa), todos los aspectos burdos y finos del cuerpo, del habla y de la mente entran en la situación de los modos de iluminación (kāyas), y del conocimiento intrínseco (jñāna) (sKu-Dang Ye-Shes) y sin ninguna base falsa (gZhi-Med, es decir, sin ignorancia, avidya, o la consciencia base, alayavijñāna), la presencia, vidya, se vuelve completamente libre y pura.

Ahora consideraremos por qué estos tres, *Sems-sDe*, *kLong-sDe* y *Man-Ngag-sDe* son llamados *rDzog-Pa-Chen-Po* (*Mahasampanna*, "Gran Completación"). Esto se debe a que todos los fenómenos, las entidades (*Chos*) que componen todas las existencias y apariencias posibles (*sNang-Srid*) del samsara y del nirvana[29], están completa o plenamente (*rDzog-Pa*)[30] dentro de esta presencia vacuidad (*vidya śūnyatā, Rig-sTong*) y por ello es *rDzog-Pa* o *sampanna* o completa. Y no hay otro método superior a éste para dar la liberación del samsara y por eso es grande, *Chen-Po* o *maha*.

La situación original (*Thog-Ma'i gNas-Lugs*, el tal como es natural espontáneo), la base (*gZhi*) de la śūnyatā no nacida, tiene la naturaleza real (*Ngo-Bo*, como el cielo) de la pureza primordial de la inseparabilidad de la presencia y śūnyatā (*Ka-Dag-Gi Rig-sTong dByer-Med*). El resplandor de Śūnyatā[31] es incesante. De śūnyatā surge sin esfuerzo la cualidad natural (*RangbZhin*, propio rostro) como cualquier cosa que pueda aparecer (*Thams-Cad*, aquí esto significa *Ci-Shar*) y esto es la inseparabilidad de la claridad y śūnyatā (*gSal-sTong dByer-Med*). El flujo de energía u onda (*rTsal*)[32] de esa presencia vacía resplandeciente se manifiesta como cualquier cosa que pueda surgir, tanto pura como impura (*Dag Ma-Dag*)[33] y esto es la compasión que lo impregna todo (*Thug-rJe Kun-Khyab*) o la inseparabilidad de la apariencia y la vacuidad (*sNang-sTong dByer-Med*).

Ahora se mostrará la diferencia entre la mente ordinaria (*cita, Sems*), y la presencia natural (*vidya, Rig-Pa*). Debido al poder de la ignorancia[34] se producen los pensamientos que surgen repentinamente (*gLo-Bur-Gyi rNam-rTog*) de muchos recuerdos y aprehensiones diferentes[35] y esto se llama "mente ordinaria"[36]. Por el poder de no entrar en este engaño de la ignorancia, la mente se libera de las nociones relativas[37] de objeto atrapable y mente que atrapa (*gZung-'Dzin*) y también se libera de la posición relativa del no atrapar de la claridad y śūnyatā[38] y así reconoce que la naturaleza śūnyatā vacía de esa libertad de atrapar es claridad y vacuidad. Esto es lo que se conoce como presencia (*vidya, Rig-Pa*).

El aspecto de la apariencia (*sNang-Ba'i Cha*) de las formas del karma[39] en la mente es el samsara (*'Khor-Ba*). La verdadera naturaleza de la mente es śūnyatā y eso es el nirvana (*Myang-'Das*). En la situación natural (*Ngang*) de la verdadera naturaleza vacía de la mente misma (*Sems-Nyid*, es decir, *Rig-Pa*) no hay motivo para hacer ninguna diferencia (*dBye-rGyu-Med*) entre el samsara y el nirvana y, por tanto, el nirvana y el samsara no tienen diferencia (*dByer-Med*).

Ve claramente (*Thag-bCad*) que lo que se ve (*sNang-Ba*) es la mente. Ve claramente que la mente es śūnyatā. Ve claramente que śūnyatā está plenamente unida a todo en completa no-dualidad. Entonces conocerás claramente todos los fenómenos (*Chos*) como presencia y śūnyatā (*Rig-sTong*). Practicando de este modo se llegará gradualmente a reconocer la presencia y a meditar en ella por etapas progresivas.

Que el Gurú te muestre la naturaleza de la mente y luego ver claramente que todo lo que surge es presencia y śūnyatā es el reconocimiento inmediato de la presencia (*Rig-Pa*). Si uno no comprende claramente la presencia y śūnyatā en esta vida y, sin embargo, debido al poder de su meditación, el reconocimiento surge mientras uno está en el bardo (*Bar-Do*, estado intermedio antes del próximo nacimiento), entonces esto es *Thod-rGal* o reconocimiento directo de la presencia (*Thod-rGal-Ba'i Rig-Pa Rang-Ngo 'Phrod-Pa'i Tshad*).

En resumen, la propia mente es en este mismo momento claridad sin mancha y śūnyatā libre de aferramiento, así que, para cualquier pensamiento o idea que permanezca o se mueva debido a la falta de control adecuado[40], no reacciones en términos de bueno y malo, inhibiendo y alentando (*dGag-bsGrub*) y así sucesivamente, sino mantén claramente la presencia y la vacuidad. El método de meditación de este camino es la enseñanza esencial suprema.

Así, como dice Mahacharya Padmasambava en el cuarto capítulo de *La oración de los siete capítulos* (*gSol-'Debs Le'u bDun-Ma*):

> "En lo que respecta a los objetos del ojo, que son las apariencias de absolutamente todas las entidades externas e internas que constituyen el universo y sus habitantes, mantén la apertura de permitir que estas apariencias surjan, pero sin aferrarte a ellas como algo inherentemente real. Observa que son las formas radiantes de la claridad y la vacuidad, puras y naturalmente libres de objetos atrapables y de la mente que atrapa.
>
> En cuanto a los objetos del oído de los sonidos que se tienen como agradables o desagradables, pues todos los sonidos mantienen la apertura del sonido y la vacuidad libre de todo pensamiento discriminatorio involucrado. Esto es sonido y vacuidad, el discurso de los Budas no nacido y no obstruido.
>
> En lo que respecta a los objetos de nuestra mentación, el movimiento inquieto de los pensamientos de los cinco venenos aflictivos[41], no entres en las actividades artificiales del intelecto de esperar los pensamientos futuros y seguir los pensamientos pasados. Dejando el movimiento inquieto tal como es, nos liberamos en el Darmakaya.
>
> Exteriormente, ve que todas las apariencias de los objetos atrapables son puras. Interiormente, experimenta la liberación de tu mente que atrapa. Con esta no-dualidad de lo externo y lo interno, experimenta la claridad de ver tu propia naturaleza".

La base (*gZhi*), camino (*Lam*), y resultado (*'Bras-Bu*)

La base

Todo lo que aparece como samsara y nirvana no toca el modo natural original (de presencia *Rig-Pa*) y no le afecta la herrumbre de la confusión. El modo natural inalterado (*rJen-Pa*, crudo o desnudo) nunca experimenta confusión y nunca experimenta pensamientos dualistas. No es construido por nada que pueda ocurrir (*Cir Yang Ma-Grub*)[42] y no se convierte en causa de nada (*Cir-Yang Byung-Du Ma-bTub-Pa*)[43]. Esto se conoce como la base (*gZhi*).

El camino

Cuando esta mente presente (*Da-lTa'i Rig-Pa*) se mantiene relajada, esta claridad vacía y abierta, libre de pensamientos buenos, malos y neutros (*Lung Ma-bsTan*) es como el centro del cielo claro y ese es el camino.

El resultado

Todas las buenas cualidades del camino se manifiestan, y la ignorancia y la confusión se purifican en su propio lugar. Entonces el darmadātu (*Chos-Kyi dByings*) se hace claramente evidente. Se considera que este es el resultado.

Además, este es tanto la visión de la profunda pureza primordial *(Ka-Dag)* del camino de cortar a través *(Khregs-Chod)* como el del vasto surgimiento sin esfuerzo *(Lhun-Grub)* del camino espontáneo *(Thod-rGal)*.

En cuanto a la pureza primordial, la base original *(Thog-Ma'i-gZhi)* en el que no han surgido seres debido a la confusión y no han surgido Budas debido a la ausencia de confusión[44], es la verdadera naturaleza de la propia presencia que desde el principio ha estado libre de la culpa de los oscurecimientos y por eso es primordialmente pura. Por lo tanto, esa base de todos los seres sensibles habita como Budeidad primordial[45] y esto se conoce como "modo natural siempre bueno", *Chos-sKu Kun-Tu bZang-Po (Darmakāya Samantabadra)* o como "modo natural de sabiduría trascendente de la Gran Madre", *Yum-Chen Phar-Phyin Chos-Kyi-sKu (Prajnaparamita Darmakāya)*.

Al no reconocer esta base original y no comprenderla, se desarrollan las tres ignorancias[46] y las seis consciencias (de los cinco sentidos y de la mentación) y así, a partir de la causa de los doce factores de co-surgimiento dependiente[47] (*pratityasamutpada, rTen-'Brel bCu-gNyis*) surge la futura actividad kármica impura debido a la cual los seres vagan entre las apariencias de los seis reinos del samsara.

De este modo, todas las emanaciones (*Chos-'Phrul*, formas mágicas ilusorias) del resplandor de la base o visión (*gZhi-sNang*) surgen sin apartarse realmente de la naturaleza de la base misma. Es más, estas ideas o imágenes o experiencias (*sNang-Ba*) son meras apariencias desprovistas de cualquier sustancia o existencia inherente (*Don-La Ma-Grub-Pa*) y son sólo las formas y situaciones de apariencia y vacuidad (*sNang-sTong*).

Ningún aspecto del samsara o del nirvana toca la verdadera naturaleza (*Ngo-Bo*) de la base, por lo que está vacía (*sTong-Pa*). Su cualidad natural (*Rang-bZhin*) permanece como claridad perfecta mientras que el flujo de energía (*ThugrJe*) sale como cualquier cosa que pueda surgir, y así la mente permanece como claridad sin obstáculos. Así, la base tiene la naturaleza de estos tres aspectos de verdadera naturaleza, cualidad natural y flujo de energía, y cualesquiera pensamientos repentinos, buenos y malos, que surgen y se liberan, no hacen el más mínimo beneficio o daño para la presencia (*Rig-Pa*). Por lo tanto, sin sesgo ni parcialidades, al igual que una semilla de sésamo está llena de aceite, la presencia impregna todas las huestes de pensamientos que surgen de la energía de la mente (*rTsal*) y los atrapa inmediatamente[48].

Sin embargo, todos los aspectos artificiales de la base de toda ignorancia que surge repentinamente (*gLo-Bur Kun-gZhi Ma-Rig-Pa*) cubren el rostro del Darmakāya sin artificios primordialmente presente (*Ye-Babs*), y entonces uno se ve obligado a vagar en el samsara. Así que no importa qué aflicciones (*Nyon- Mongs*) o pensamientos surjan, no creas en ellos ni te apoyes en ellos. No basta con quedarse con el reconocimiento del surgimiento de los pensamientos. No importa qué pensamientos surjan, uno debe mantener el conocimiento intrínseco original inmutable (*Ye-Shes*) libre de objetos y soportes, el conocimiento intrínseco muy directo (*Zang-Thal-Med*[49]) libre de todas las posiciones relativas (*sPros-Bral*). Si uno permanece así, entonces, cuando el movimiento y la perturbación inquieta vengan de nuevo como el agua que desciende de una alta montaña, uno no irá en busca de objetos externos. Dentro de uno no irá bajo el poder del aferramiento. Así que sin hacer nada artificial, una y otra vez uno debe mantener la experiencia muy clara de la situación original que no está adulterada o tocada por nada en absoluto de las discriminaciones mentales artificiales no relajadas de los pensamientos que surgen (*sPro*) y cesan (*bsDu*). Es necesario mantener incesantemente esta práctica durante mucho tiempo.

Si uno es capaz de mantener esta práctica, entonces con sólo esta presencia (*Rig-Pa*) en sí misma está la presencia primordial de los tres modos de iluminación (natural, disfrute, manifiesto; Darmakāya, Sambogakāya, Nirmanakāya) y la completación primordial de las dos acumulaciones (de mérito y sabiduría) como su propio carácter o parte (*Rang-Chas*, "la propia porción"). Por lo tanto, por este punto esencial de no ser tocado por las características adventicias de inhibir y alentar, aceptar y rechazar, y por todos los fenómenos (*Chos*) de causa y efecto, las buenas cualidades del estudio y la práctica, que comprenden todas las experiencias meditativas que surgen con el conocimiento intrínseco, como la felicidad (*bDe*), la claridad (*gSal*) y la no-mentación (*Mi-rTog*) surgirán y crecerán fácilmente y sin esfuerzo.

Por lo tanto, cualquier experiencia que surja, ya sea buena o mala, enfermedad o salud, alegría o tristeza, esperanzas o dudas, etc., no vayas tras ellas, no te pongas bajo su poder. Debes experimentar profunda y directamente tu propia naturaleza original inmutable (*gNyug-Ma'i Rang-Zhal*). Entonces, simplemente manteniéndote en esto sin ir detrás de nada más, conociendo este único punto, todo será liberado. Conocer uno y liberarlo todo es la doctrina profunda suficiente para todo y que todo lo incluye, y es de lo más importante y maravilloso.

Notas

[1] Esto es una reflexión sobre los dieciocho factores de las libertades y oportunidades (*Dal-'Byor*) de un precioso nacimiento humano (*Mi-Lus-Rin-Po-Che*); muerte y transitoriedad (*'Chi-Ba Mi-rTag-Pa*); las causas y las consecuencias kármicas (*Las-rGyu- 'Bras*); los sufrimientos del samsara (*'Khor-Ba' Nyes-dMigs*). Véase Low, J. Simplemente Ser, capítulo 1.

[2] El sufrimiento, las causas del sufrimiento, la terminación del sufrimiento y el camino hacia eso que es el óctuple camino (*'Phags-Pa'i-Lam Yan-Lag brGyad*) que consiste en la visión correcta, la

comprensión correcta, el discurso correcto, la actividad correcta, el sustento correcto, el esfuerzo correcto, el recuerdo correcto y la meditación correcta.

[3] Eso es moralidad, contemplación absorta y sabio discernimiento.

[4] Generosidad, moralidad, paciencia, diligencia, estabilidad mental, sabio discernimiento.

[5] Dar lo necesario, hablar con dulzura, actuar correctamente y sin hipocresía, actuar en beneficio de los seres.

[6] Es decir, la situación natural.

[7] gZhi Rang-bZhin 'Od-gSal-Ba'i sNying-Po, que es Ye-gZhi bDe-gShegs sNying-Po.

[8] sByang gZhir-Byas, es decir, es el objeto puro sobre el que parece acumularse el "polvo".

[9] Es decir, las cinco consciencias de los sentidos, la consciencia mental (*Yid-Kyi rNam-Par-Shes-Pa*), la consciencia mental de las aflicciones (*Nyon-Mongs- Kyi Yid-Kyi rNam-Par-Shes-Pa*), y la consciencia de la "base de todo" (*KungZhi rNam-Par-Shes-Pa*).

[10] Que es la comprensión que poseen los practicantes del tantra.

[11] Ma-rMongs, es decir, están más cerca de la verdad real.

[12] Bya-rGyud, sPyod-rGyud, rNal-'Byor-rGyud, Pha-rGyud, Ma-rGyud, gNyis-Med-rGyud.

[13] Sarvabavanayakayana o Kun-'Byung-'Dren se refiere al vehículo de los oyentes (Śrāvakayana, *Nyan-Thos Kyi Theg- Pa*) y al vehículo de los despertadores aislados (pratyekabubayana, *Rang-rGyal-Kyi Theg-Pa*) y al vehículo de los iluminados altruistas (bodisatvayana, *Byang-Chub Sems-dPa'I Theg-Pa*). El tapasvinkulayana o dKa'-Thub Rigs se refiere al vehículo de la actividad (kriyayana, *Bya-rGyud*) y al vehículo de la conducta (caryayana, *sPyodrGyud*) y al vehículo de los yoguis (anutarayana, *rNal-'Byor-rGyud*). El shaktiupayayana o dBang-bsGyur Thabs-Kyi Theg-Pa se refiere a los tantras padre (pitryogayana, *Pha-rGyud*) (mahayoga), y a los tantras madre (matrayogayana, *Ma-rGyud*) (anuyoga), y a los tantras no-duales (advayogayana, *gNyis-Med rGyud*) (atiyoga).

[14] rGyud-sDe gSum, es decir *Bya-rGyud, sPyod-rGyud, rNal-'Byor -rGyud*.

[15] *gZhi-rDzog*, la base natural en el que todo está contenido; es vidya puro o la presencia misma.

[16] *Chos*, darmas, todo lo que es posible en cualquier lugar del samsara o del nirvana.

[17] *Rig-Pa'i-rTsal; gSal-sTong gNyis-Med*.

[18] *rGyu-rKyen*, aquí implica *bsKyed-Rim* y *rDzog-Rim*.

19 Darmakaya, Sambogakaya, Nirmanakaya, estos tres constituyen el modo natural de la Budeidad.

[20] *Cir-sNang*, significa todos los objetos posibles de los seis sentidos.

[21] *Sems-Kyi Ngo-Bor-sNang-Ba-Yin*, es decir, lo que sea para ti es algo que tu propia mente identifica; todo lo que tienes es tu propia experiencia, las apariencias de tanto el yo como el otro, sujeto y objeto, que surgen de la verdadera naturaleza de tu mente.

[22] Citata, *Sems-Nyid*, la mente "básica" en sí misma, libre de oscurecimiento y artificio.

[23] Aquí *Yul-Can* indica *Sems-Nyid*, ya que ambos son inseparables de la base.

[24] *dMigs-gTad-Bral-Ba*, al igual que cuando se reconocen los pasos familiares uno no tiene que preguntarse o preocuparse por quién está allí.

[25] *sTong-'Dzin Dang Bral-Ba*, es decir, no creer sólo en el sunyata vacío, sino ver la dimensión consciente abierta en la que surge todo lo posible.

[26] *Lug-Gu rGyud-Kyi-sKu*, como una hilera de ovejas una tras otra, o como cuentas que se mueven en el hilo de un rosario, de modo que la presencia no se ve afectada ni por el samsara ni por el nirvana.

[27] El patrón inmutable natural de la realidad.

[28] Por medio de *kLong-sDe* la forma física burda se transforma en un ligero cuerpo de luz, pero todavía quedan rastros del *Shes-Bya sGrib-Pa*, los rastros sutiles que quedan después de la eliminación del poder de las aflicciones, kleshas, *Nyon-Mongs*.

[29] Que son todas las posibilidades que puede haber.

[30] En un nivel general, todos los objetos son definidos y mantenidos en su lugar por la mente. La mente dice: "Es una mesa", pero la mesa nunca dice: "Soy una mesa". La mente crea todas las apariencias que se pueden conocer. Todas están dentro de esa mente y, sean lo que sean cuando esa mente no las considera, no son ciertamente ninguna "cosa", pues eso es ya un concepto de la mente.

[31] *mDangs*, resplandor o expresión natural, como la extensión del amanecer.

[32] Como el calor y la luz de los rayos del sol.

[33] Puro e impuro, discriminado como existente en la verdad por los seres corrientes.

[34] Avidya, *Ma-Rig-Pa*, nesciencia, olvido de la verdadera naturaleza; estar intoxicado por lo que ocurre, de modo que lo que ocurre se toma como auto-existente, con la consecuencia del olvido o la ignorancia de la no-dualidad real del acontecimiento y la base.

[35] *Dran-Pa*, es decir, muchas ideas falsas surgen como cuando uno confunde una cuerda con una serpiente en una noche oscura.

[36] *Sems* significa aquí *Yid* o manas, consciencia mental, mentación. No parece haber ninguna palabra en español que pueda mostrar con precisión los usos sutiles de estas palabras. En otras ocasiones Sems se utiliza en el sentido de *Sems-Nyid*, la mente misma libre de artificios.

[37] Aparapanca, *sPros-Bral*, ausencia de elaboración conceptual, es decir, no apoyarse en conceptos dualistas como principio y fin, ir y venir, etc.

[38] Al no aferrarse a esta claridad de la apariencia, sino ver que está vacía, no hay ninguna base de la que puedan surgir falsas nociones duales, como creer que el nirvana es mejor que el samsara, y así uno no está atado ni por la cadena de hierro del aferramiento ni por la cadena de oro de la claridad.

[39] *Las-Kyi rNam-Pa*, todo lo que se ve, todas las apariencias del resultado del karma, es decir, los seis reinos.

[40] *Kha-Yan-Du kLod*, como una madre descuidada que permite a sus hijos hacer lo que quieran, o como seguir utilizando una máquina incluso después de que se haya roto. El control aquí no se refiere al control dualista del sujeto sobre el objeto, sino al "control" sin esfuerzo de relajar e integrar cualquier cosa que surja en el espacio de la presencia.

[41] Enfado, deseo, estupidez, orgullo, celos.

[42] Es decir, nunca se convierte en algo falso y artificial.

[43] No es una materia prima como el mineral de hierro que puede convertirse en muchas cosas diferentes.

[44] Es decir, es como un trozo de plata que no se ha convertido en una vasija u otro objeto, y que tampoco ha vuelto a ser mineral mezclado con tierra: es una potencialidad abierta.

[45] *Ye-Ne Sangs-rGyas*, es decir, han tenido la naturaleza de Buda siempre y de forma inalienable. *Sangs* significa puro y libre de todas las faltas, y *rGyas* significa tener todas las buenas cualidades naturalmente presentes.

[46] Ignorancia coemergente (*Lhan-Cig-sKyes-Pa'i Ma-Rig-Pa*), ignorancia discriminante (*Kun-Tu-brTags-Pa'i Ma-Rig-Pa*), e ignorancia de ser ciego al karma (*Las-rGu-'Bras-La-Mongs-Pa'i Ma-Rig-Pa*).

[47] Ignorancia (*Ma-Rig-Pa*); tendencias habituales (*'Du-Byed*); consciencia (*rNam-Shes*); nombre y forma (*Ming Dang gZugs*); los seis campos de actividad del ojo, el oído, la nariz, la lengua, el cuerpo y el intelecto (*sKye-mChed Drug*); el contacto (*Reg-Pa*); el sentimiento (*Tshor-Ba*); el deseo (*Sred-Pa*); el apego (*Len-Pa*); el renacimiento (*Srid-Pa*); el nacimiento (*sKye-Ba*); la vejez y la muerte (*rGa-Shi*).

[48] Al igual que el cielo "atrapa" o contiene todos los rayos del sol, la presencia "atrapa" los pensamientos mostrando su no dualidad: toda apariencia es inseparable de la presencia, que es inseparable de la vacuidad base.

[49] Aquí *Med* no significa una negativa.

3

Instrucciones del bardo que irradian claridad como el sol

Del terma de Nuden Dorje Dropen Lingpa Drolo Tsal

llamado

EL SIGNIFICADO PROFUNDO DE LA ESENCIA INDESTRUCTIBLE,

un texto que pertenece a las series del dzogchen:

LA VISIÓN DE INFINITA SABIDURÍA DE LAS DEIDADES PACÍFICAS Y AIRADAS

Saludo a nuestra propia presencia, el Gurú Kuntu Zangpo.

De acuerdo con estas instrucciones que introducen directamente a los yoguis a los bardos, bardo indica un interludio, un intermedio, un momento o periodo que ocurre entre otros momentos o periodos diferentes.

Quienes buscan reconocerse a sí mismos y trabajar por el beneficio de los demás, pero carecen de estas enseñanzas están empobrecidos, al igual que sus alumnos.

En este texto se describen seis bardos: los bardos de la naturaleza del nacimiento; del sueño; de la meditación; de la muerte; de la realidad y del devenir. Este texto es la esencia real de todas las instrucciones del bardo.

El rey del darma Trisong Detsen (*Khri Srong lDeu bTsan*) le pidió al gran maestro Padmasambava: "Por favor, dame una instrucción clara sobre el significado de los bardos".

El Gurú respondió desde su corazón: "Escucha rey del darma. Estos son los seis bardos.

El **PRIMERO ES EL BARDO DEL NACIMIENTO**, que va desde el momento en que entras en el vientre de tu madre, pasando por el nacimiento, hasta que llegas a la muerte. Al principio todo es confuso, y luego se van diferenciando la felicidad y la pena. El cuerpo es como una casa, y la mente es como el dueño de la casa. Si uno comprende esto, la mente se ve de forma muy clara. Si uno no comprende esto, uno se desconcierta y se acumulan las causas del samsara.

En el centro de nuestro corazón está nuestra preciosa mente (*citta*) en el centro de las ocho esquinas del canal del corazón. Aquí la presencia surge claramente y sin apego. Por ejemplo, es como una lámpara que brilla en una olla. Esto se llama la lámpara del corazón de carne (*Tsit-Ta Sha-Yi sGron-Ma*). Manifestándose a sí misma, espontánea, mora en el canal del corazón.

Su expresión son las esferas de luz que surgen dentro de esta extensión de sabiduría en la que los cuarenta y dos dioses pacíficos residen en el corazón. Debido a esto, los dioses airados en llamas surgen en la parte superior de la cabeza. Estas formas pacíficas e iracundas son la manifestación de la energía de la presencia. Por ejemplo, es como una lámpara en una olla que tiene la tapa levantada dejando que la luz brille. Cómo aparece esta claridad es tu propia experiencia.

Sobre la base de esto, la luz se irradia como esferas grandes y pequeñas (*Thig-Le*) y como luz del arco iris, lo que conduce al surgimiento de muchos mandalas divinos. La condición que da lugar a esto es el canal que conecta el ojo con el corazón. Es estrecho en la parte inferior y ancho en la superior, con forma de cuerno de vaca. Está libre de sangre y linfa, por lo que es vacío y claro. Al estar conectado al globo ocular, es la base para ver tanto las cualidades como los defectos de las apariencias. Esto se denomina la lámpara del canal de seda blanca y suave (*rTsa Dar-dKar Lam-Kyi sGron-Ma*).

Cuando eso se conecta con el globo ocular, existe el camino de la presencia donde la sabiduría separa incesantemente el samsara y el nirvana. A esto se le llama la lámpara de agua que ve o enlaza a distancia (*rGyang- Zhag Chu'i sGron-Ma*). Su objeto exterior es el cielo, la espaciosidad infinita libre de todo artificio. En su interior es sabiduría inmutable, la pureza de la presencia y la vacuidad.

Con la no dualidad de la vacuidad y la sabiduría dentro de la infinidad del espacio, la sabiduría se manifiesta incesantemente como esferas de luz. Esta es la lámpara de las esferas de luz de la vacuidad (*Thig-Le sTong-Pa'i sGron- Ma*). Es como una pluma de pavo real, un arco iris o la luz de un cristal.

La luz de colores del arco iris surge en una forma como el signo vocálico naro ⌒. Esto se llama la lámpara pura de la vacuidad y la sabiduría, en la que la vacuidad y la sabiduría son no duales y surgen sin esfuerzo. Esto se llama la lámpara de la sabiduría que surge por sí misma (*Shes-Rab Rang-Byung- Gi sGron-Ma*).

Al principio, los budas y los seres sensibles no eran diferentes. Kuntuzangpo alcanzó la budeidad sin haber realizado ninguna acción virtuosa. Los seres sensibles se desconcertaron debido a su propia naturaleza sin haber realizado ninguna acción no virtuosa. La presencia de los budas ve naturalmente con la visión que comprende la producción del pensamiento. No utilizan los vientos del karma y, por tanto, no acumulan las causas del samsara. Al estar libres de los objetos y de las mentes aprensibles que operan dentro y fuera del cuerpo, convierten en realidad su propia presencia. Ven esta presencia, esta sabiduría que no tiene raíz ni base. Las mentes de los seres sintientes se desconciertan con la dualidad de los objetos externos de aferramiento y la mente interna que se aferra. Desconcertados por los hábitos imprevisibles de la base de todo, los seres sensibles confundidos no ven su propia realidad.

Si la comprensión natural se hace claramente realidad, la claridad es incesante como el sol naciente. La presencia, libre de pensamientos, se manifiesta por sí misma y se purifican los objetos de aferramiento y la mente que se aferra. Esta es la comprensión del bardo del nacimiento.

El SEGUNDO BARDO ES EL BARDO DE LOS SUEÑOS, que se produce cuando cesan las apariencias del estado de vigilia del día. Entonces, mientras se duerme por la noche, las huellas kármicas causan el desconcierto de los sueños. Si reconoces esto, entonces el flujo incesante de apariencias que surge de la conciencia que es la base de todo, se funde en la presencia en el centro del corazón y se funde con el sueño completamente libre de todos los recuerdos y rastros. Esto es como el cielo, una claridad libre de aferramiento. Esto se llama la claridad base. También se conoce como el encuentro de las realidades madre e hijo. Gracias a ella, la sabiduría surge a sí misma.

Si al principio, la gente no reconoce la naturaleza de sus sueños, entonces en los canales huecos en las cuatro direcciones en el corazón, y en sus intersticios, y por encima y por debajo, la energía del viento y la mente van a los diversos canales en los pulmones y el corazón. Debido a esto, surgen muchas formas mágicas diferentes de dioses y demonios. Si el viento-mente desciende por los canales huecos, hay una sensación de que todo cae como en un deslizamiento de tierra, y es oscuro y se experimenta el sufrimiento de los reinos del infierno, de los espíritus hambrientos, de los animales, etc.

En los canales separados de los seis sentidos, surgen imágenes de los objetos pertenecientes a cada uno de ellos. Surgen apariencias confusas en los sueños por la operación de los demonios tsan en el canal del pulmón, los demonios gyalpo en el canal del corazón, los demonios mamo en los canales del hígado y del riñón, los demonios dud y the'u-rang en el canal del estómago y los demonios sadag en el canal del intestino. Si el viento-mente entra en cualquiera de los canales, entonces al comprender o no su naturaleza, el cuerpo del yogui se llena o no se llena de apariencias mundanas y de los sufrimientos del samsara, y eso es lo que sueña. Es muy importante practicar ser consciente de los sueños, purificar los sueños y descansar en la claridad natural.

EN TERCER LUGAR, la comprensión de EL BARDO DE LA MEDITACIÓN. Cuando se practica la meditación enfocada en las formas de las deidades se necesita claridad libre de aferramientos y juicios conceptuales hacia estas apariencias. Mora en la situación de presencia que no cambia ni permanece. Libre de límites, la experiencia del modo natural darmakaya se vuelve clara, y con la no dualidad de la felicidad y la vacuidad en el dominio de las cuatro alegrías, uno permanece imperturbable por los pensamientos o la expresión. Quienes han despertado a esta situación no deben ir detrás de pensamientos anteriores, ni esperar acontecimientos futuros. La presencia que sucede ahora, fresca, no forzada, naturalmente sin esfuerzo, completamente libre de estímulos o inhibiciones, ésta es la situación vacía natural. Es libre de la posición de aniquilación que anhela vacuidad. Libre de todo estímulo e inhibición es la situación natural vacía. No hay otro Buda. La propia presencia es el Buda. Es libre de las limitaciones del esfuerzo y de los intentos de abandonar el samsara. La zozobra aparece como la meditación inquebrantable de la espaciosidad infinita darmadatu. La excitación es la claridad de la realidad, la visión más elevada. La estupidez nebulosa es la autopercepción de la sabiduría que surge por sí misma. La presencia es directa, sin parcialidad y libre de pensamiento cosificador. Esta sabiduría libre de pensamiento es mahamudra, la gran entrega misma.

EN CUARTO LUGAR, con respecto a la condición natural de **EL BARDO DE LA MUERTE**, el bardo que dura desde la enfermedad fatal hasta el punto de la muerte. Aunque uno no tenga apego ni anhelo por todas las cosas que le son queridas, las ilusiones de riqueza, posesiones, país, amigos, etc., hay tristeza por la propia muerte y el miedo a quedarse solo. Uno se siente triste al recordar los pecados que ha cometido anteriormente. Uno se atormenta pensando en todo el darma que no ha hecho y que debe dejar este mundo con las manos vacías. La casa de uno puede derrumbarse o ser quemada por el fuego. Uno puede ser arrastrado por el agua, o caer de un lugar alto. El dolor, el miedo y la angustia sin límites son las marcas de la muerte. En ese momento, los yoguis que meditan mantendrán el resplandor de la presencia, la claridad y la vacuidad sin obstáculos. Con esa comprensión experimentarán el significado de la realidad. Si no consiguen esa comprensión, eso demuestra que no han sido diligentes y cuidadosos en su práctica. Por lo tanto, sed cuidadosos con atención inquebrantable.

EN QUINTO LUGAR, con respecto a la condición natural de **EL BARDO DE LA REALIDAD**, la apariencia externa es como la puesta del sol, la apariencia interna es oscura, luego ocurren apariencias claras como el primer amanecer en la mañana. En ese momento los yoguis experimentan la confusión del bardo. Al estar libre de un cuerpo de carne uno se mueve sin obstrucción a través de colinas y rocas, las deidades pacíficas y airadas aparecen y la luz, los rayos y los colores de la sabiduría surgen en muchas formas diferentes. Surgen sonidos, luz y rayos con esferas grandes y pequeñas (*Thig-Le*). En ese momento, tus propias deidades de meditación te darán la bienvenida. Experimentarás una presencia sin obstáculos, libre de estímulos e inhibiciones, y estarás naturalmente libre de beneficio y daño, de esperanza y temor.

EN SEXTO LUGAR, con respecto a la condición natural de **EL BARDO DEL DEVENIR**, cuando uno no reconoce a los dioses pacíficos e iracundos del bardo de la realidad, se pierde sin lugar ni dirección. Cuando llega el momento de experimentar la felicidad de los tres reinos superiores (dioses, semidioses y humanos) o el sufrimiento de los tres reinos inferiores (animales, espíritus hambrientos y habitantes de los infiernos) según la virtud o el pecado que uno haya adquirido, la mente atraviesa el universo en un instante, moviéndose rápidamente aquí y allá sin intención ni propósito. En ese momento es vital recordar la situación natural de la mente y reforzar la conexión con las buenas acciones anteriores.

Votos vajra, sellan, sellan, sellan[1]

Desde el momento del nacimiento hasta que eres atormentado por una enfermedad fatal y tu consciencia queda inconsciente y vaga por los seis reinos, vagas por aquí y por allá sin servir a tu gurú. Abandonándote a ti mismo, no atiendes a las enseñanzas de los preciosos métodos de iluminación. Para evitarlo se necesita la ayuda que proporciona la visualización de los tres lugares de refugio con la devoción de la comprensión. Entonces, debido a un cambio creado por uno mismo o por el poder de otro, entre la inhalación y la exhalación no debes dudar de la claridad natural de la sabiduría que surge para ti. Entonces en el bardo de la realidad puedes ver tu propia naturaleza, el encuentro de los aspectos madre e hijo de la vacuidad y la presencia. Por lo tanto, es muy importante practicar la claridad. Si ves a las deidades de la meditación mientras deambulas por el bardo del devenir, te acogerán y te guiarán para que las apariencias desconcertantes se purifiquen en la vacuidad.

Votos vajra

CON RESPECTO AL BARDO DEL NACIMIENTO, necesitas una enseñanza que detenga todas las dudas e incertidumbres hacia las enseñanzas del darma exterior e interior, una instrucción que encuentre su camino como un pájaro que nunca olvida su propio nido.

EN CUANTO AL BARDO DE LOS SUEÑOS, necesitas una enseñanza que muestre cómo inhibir la aparición de los hábitos mentales y sus remanentes, y cómo practicar la claridad y la unión de la vacuidad y la presencia, una instrucción que sea como una lámpara colocada en una habitación oscura.

EN CUANTO AL BARDO DE LA MEDITACIÓN, necesitas ver la realidad de tu situación natural, la inseparabilidad de la vacuidad y la presencia. Necesitas una instrucción que sea como una chica hermosa que sostiene un espejo para que puedas ver tu reflejo.

EN CUANTO AL BARDO DE LA MUERTE, necesitas estar seguro de tu propia naturaleza, no dispersando el recuerdo o la presencia, sino aclarando todo lo que no está claro. Para ello necesitas una instrucción como la carta de un rey.

EN CUANTO AL BARDO DE LA REALIDAD, para todas las apariencias de cualquier tipo se necesita la fe y el conocimiento cierto de la fusión de la presencia y la apariencia. Para ello necesitas una instrucción que sea como el encuentro de la madre y el hijo.

EN CUANTO AL BARDO DEL DEVENIR, cuando se produce la maduración de las acciones anteriores, uno necesita ser capaz de convocar poderosamente los resultados de las buenas acciones anteriores. Para ello se necesita una instrucción que sea como una tubería que repara un canal roto.

Votos vajra

He aquí una explicación de LAS DIECIOCHO FORMAS DE CONSIDERAR LAS PROPIEDADES DE LOS SEIS BARDOS. Las dieciocho son las siguientes: naturaleza, nombre, diferenciación, cualidades, cuerpo (características), duración, modo de aparición (ejemplos), enseñanza (signos), práctica, instrucciones, faltas, beneficios y establecimiento de límites y votos[2].

Primero, la naturaleza de todos los bardos

El estado de presencia es en sí mismo natural y libre de actividad con esfuerzo. La claridad y la vacuidad surgen brillantes y frescas, fluyendo espontáneamente. Si no conviertes esto en una realidad, vagarás por los bardos. Pero si practicas su realización, te liberarás de los bardos. Por lo tanto, mantén tu estado de presencia relajado y natural. No te involucres en el artificio, sino permanece fresco en tu propio lugar. Esta es la manera de practicar la naturaleza de todos los bardos.

Votos vajra

Segundo, la razón por la que utilizamos el nombre o palabra "bardo"

Cuando todas las apariencias que surgieron como la experiencia habitual anterior han cesado y las apariencias que serán la experiencia habitual futura aún no han surgido, existe el intermedio, lo que está entre lo anterior y lo futuro, y esto es lo que implica generalmente el término "bardo". También podemos indicar el significado específico de cada uno de los seis tipos de "bardo".

Por lo tanto, *el bardo del nacimiento* ocurre una vez que se deja atrás el cuerpo de la vida anterior, y se extiende desde el momento de estar en el vientre de la madre hasta la muerte. Incluye todas las apariciones y las ideas sutiles confusas que ocurren en ese período.

El bardo de los sueños se produce cuando las experiencias del día de ayer han terminado y las apariciones del día siguiente aún no se han producido. Entre el día que acaba de pasar y el que vendrá después se producen en el sueño profundo inconsciente los hábitos que se manifiestan como un cuerpo falso. Esta es la confusión que surge de las percepciones y las asociaciones.

El bardo de la meditación se produce cuando las ideas y los acontecimientos que ocurren previamente no perturban y la confusión sobre el futuro no aparece, de modo que uno está plenamente presente en su situación natural y permanece estable en la claridad natural libre de artificios.

El bardo de la muerte ocurre cuando las experiencias de esta vida han terminado y se produce el miedo que surge al borde de la muerte. Uno tiene que ir al lugar de su próxima vida y se encuentra al final de lo que ahora es su vida anterior. Allí, entre estas dos, uno no es capaz de deshacerse del sufrimiento.

El bardo de la realidad surge, y las apariciones del sonido, la luz y los rayos se producen, y a través de los frutos de la propia práctica, se experimenta la felicidad de la realidad.

El bardo del devenir se produce cuando las experiencias de la realidad han cesado y el cuerpo de la próxima vida aún no ha aparecido. Ese lugar intermedio se llama "devenir" porque es posible entrar en los reinos superiores de la felicidad o en los reinos inferiores de la desdicha. La gama completa de felicidad y sufrimiento es posible y por eso esa etapa se llama el bardo del devenir.

Así, tenemos los nombres de los seis bardos.

Votos vajra

Tercero, la diferenciación del bardo en seis

En primer lugar, *el bardo del nacimiento* permanece desde el nacimiento mientras uno no haya muerto.

En segundo lugar, *el bardo de los sueños* se encuentra entre el final de las experiencias de un día y el surgimiento de las experiencias del siguiente.

En tercer lugar, *el bardo de la meditación* tiene lugar entre la eliminación de la confusión anterior y el surgimiento de la confusión futura.

En cuarto lugar, el sufrimiento d*el bardo de la muerte* ocurre desde la llegada de la enfermedad fatal hasta la salida del último aliento.

En quinto lugar, *el bardo de la realidad* con las deidades pacíficas y airadas, ocurre durante la duración de las apariciones de las formas pacíficas y airadas, y su sonido y luz.

En sexto lugar, *el bardo del devenir* ocurre durante la confusión de la maduración de los efectos de las acciones que uno ha realizado.

Votos vajra

Cuarto, las cualidades de los seis bardos

Hablar de los bardos como si realmente existieran es engañoso porque su cualidad es la vacuidad. Sin embargo, el modo de su aparición puede llamarse "bardo" según las convenciones de la verdad relativa. Pero en la verdadera naturaleza, según la verdad absoluta, lo que se llama "bardo" no existe. Las apariencias externas de las formas, los sonidos, los olores, los sabores, las sensaciones y los fenómenos no perduran, pues cesan y se desvanecen. Según la verdad absoluta, carecen incluso de una brizna de existencia verdadera. El despertar a su ausencia de existencia verdadera se denomina "vacuidad exterior".

En el interior, los ojos, los oídos, la nariz, la lengua, el cuerpo y la mente están en la verdad relativa; no perduran porque cesan y se desvanecen. De acuerdo con la verdad absoluta, carecen incluso de una micra de polvo de existencia verdadera.

El despertar a su ausencia de existencia verdadera se denomina "vacuidad interior".

Los dieciocho datus[3], los doce compañeros[4] y todas las diversas ideas internas de uno son todas vacías en su naturaleza real. Todas las dualidades de los objetos externos y los sujetos que los conocen son solo las formas ilusorias de la verdad relativa. En la verdad absoluta carecen de toda existencia real. Al conocer la vacuidad de la experiencia externa e interna se sabe que, en resumen, todos los fenómenos del samsara y del nirvana son vacíos. La cualidad del bardo es la vacuidad.

Votos vajra

Quinto, las características de los bardos se mostrarán indicando sus particularidades

La característica del bardo del nacimiento es que el cuerpo de uno se forma a través de la interacción particular de los cinco skandas[5], los dieciocho dātus, los seis órganos de los sentidos y las consciencias, los cinco órganos de los sentidos, el sujeto y el objeto, y las aflicciones, etc. El yogui que se da cuenta de la naturaleza ilusoria de estos fenómenos de la verdad relativa gana poder sobre todo lo que se manifiesta.

La característica del bardo de los sueños es que durante el sueño profundo están presentes tanto el aspecto de la estupidez como el aspecto de la cualidad evanescente del despliegue de la claridad de la sabiduría. Mientras se sueña, las apariencias van y vienen y nada es permanente. Esta naturaleza ilusoria es la característica del bardo de los sueños.

La característica del bardo de la meditación es que todos los fenómenos externos e internos tienen la naturaleza de la claridad y la vacuidad. Esta es la base para que surja la unificación de la calma mental y la visión superior, y de la etapa de desarrollo de la visualización de las deidades y el estado de completación de la pureza primordial de la condición natural. Esta es la característica del bardo de la meditación.

La característica del bardo de la muerte es que se produce una enfermedad mortal debido a un desequilibrio de los elementos. El cuerpo y la mente se separan y comienza la muerte. Uno no tiene poder para no irse y por eso debe irse. Uno no tiene poder para quedarse con los amigos, las relaciones, las posesiones y los compatriotas, por lo que debe irse solo. Pero el apego, el deseo y el anhelo continúan y uno es absorbido por las actividades mundanas. Debido al poder de la implicación anterior, uno no ha creído en las enseñanzas del Darma sobre la muerte, la transitoriedad y demás, por lo que uno está involucrado y lleno de anhelo. Uno sufre de apego a los padres, hijos, familiares y amigos. El entendimiento se oscurece y la memoria y el conocimiento se vuelven poco fiables. Estas son las características del bardo de la muerte.

La característica del bardo de la realidad es que la forma ilusoria de los cinco skandas se disuelve, y la carne, la sangre, la fuerza vital, el aliento, el cuerpo y la mente se separan. Solo se manifiesta el cuerpo puro de la experiencia mental. Las deidades pacíficas, las deidades airadas, las luces, los colores, las esferas de luz, las pequeñas esferas, los eslabones de las esferas, los sonidos, las luces, los rayos, todo lo que ocurre es la manifestación de la propia experiencia. El aspecto de claridad de la sabiduría es incesante y todas las manifestaciones tienen la cualidad de una gran felicidad. En esta pura infinidad de gran felicidad, todo lo que uno experimenta es el surgimiento del campo de la realidad. Esta es la característica del bardo de la actualidad.

La característica del bardo del devenir es que uno se ha separado de su anterior cuerpo de carne y hueso y ahora tiene la forma ilusoria creada por la actividad mental. Cuando las formas pacífica y airada surgen de la realidad, uno no reconoce la verdad de esa realidad. Las deidades, los rayos y las luces de cinco colores causan miedo y temblor y uno las percibe como el enemigo. Incapaz de captar la naturaleza de esta revelación de la realidad, uno se pone a viajar por todas partes como una pluma en el viento. Incapaz de establecerse en algún lugar, su actividad carece de propósito y dirección. Como las imágenes de un sueño, el cuerpo es incapaz de estabilizarse por mucho tiempo y surge el enfado. Los colores de los seis reinos: blanco, azul, etc., surgen en secuencia. Estas experiencias son las características del bardo del devenir.

Votos vajra

SEXTO, LA DURACIÓN DE LOS BARDOS

El bardo del nacimiento dura desde el momento en que se entra en el vientre de la madre hasta el comienzo de la enfermedad mortal.

El bardo de los sueños continúa desde el momento en que se entra en el sueño profundo hasta que se despierta.

El bardo de la meditación dura mientras se mantiene la presencia durante la apertura uniforme, entre el cese del pensamiento anterior y el surgimiento del siguiente.

El bardo de la muerte dura desde el momento en que uno es tomado por una enfermedad mortal hasta que se exhala el último aliento.

El bardo de la realidad dura desde el último aliento hasta el surgimiento de las apariencias espontáneas.

El bardo del devenir dura desde el despliegue de las deidades pacíficas e iracundas hasta que uno entra en el útero.

Estas son las duraciones de los seis bardos.

Votos vajra

SÉPTIMO, ILUSTRAR LOS BARDOS CON EL USO DE EJEMPLOS

En el bardo del nacimiento el cuerpo y la mente son como un mojón en el camino y un pájaro. El cuerpo se construye gradualmente como un mojón. No se sabe cuánto tiempo durará antes de su destrucción, pero ciertamente tiene la naturaleza de algo que será destruido. La mente es como un pájaro en un mojón. Sólo se posa allí durante un tiempo antes de salir volando, y no se sabe a dónde irá una vez que se vaya. Del mismo modo, la mente no permanece en el cadáver. El cadáver se coloca en algún lugar, pero la mente vaga sin rumbo fijo. La voz, como el rugido del dragón, no dura mucho tiempo. Los parientes vienen y se apoderan del nido del pájaro, se sienten como en casa. Pero no permanecen juntos durante mucho tiempo, ya que se separan y se dispersan. Luego mueren uno a uno, desapareciendo. Los parientes son transitorios como el nido del pájaro, y las parejas demuestran ciertamente su transitoriedad. Al igual que el labrador une al ganado con el yugo, los amigos sólo permanecen juntos durante un tiempo antes de seguir su propio camino. La vida es como una piedra que rueda por una montaña sin poder detenerse. Del mismo modo, día tras día, noche tras noche, nos dirigimos hacia la muerte. Las posesiones son como la miel de las abejas, las coleccionamos nosotros mismos pero acaban siendo utilizadas por otros.

El bardo de los sueños es como una forma ilusoria creada por un mago. No hay nada realmente, pero vemos muchas cosas. Los sueños parecen ser reales, aunque son meras apariencias desprovistas de sustancia.

El bardo de la meditación es como contemplar suavemente un pasto abierto. Con la relajación y la facilidad se calman todas las dificultades y penas. Respirando suavemente, el cuerpo y la mente se vuelven felices. Debido a las olas de confusión samsárica, el cuerpo, la voz y la mente de uno han estado inmersos en la pena sin oportunidad para la felicidad. Con las instrucciones del maestro, el cuerpo, la voz y la mente se relajan y fluyen con facilidad. Con la apertura uniforme de la meditación, todas las actividades del cuerpo, como el movimiento fácil de una rueda, fluyen pacíficamente sin perturbación, contracción o irritación. La voz se vuelve como las cuerdas de un laúd. El laúd es capaz de emitir muchos sonidos diferentes, pero si se corta la cuerda, el flujo de sonido cesa. Del mismo modo, con la meditación, uno dice pocas tonterías. Descansando en su propio lugar la voz está relajada. La mente es como una noria; cuando el agua se detiene, la rueda deja de girar. Del mismo modo, con la meditación, los pensamientos y los recuerdos se detienen, ya que, sin artificios, la mente está relajada con cualquier cosa que ocurra. Esta es una explicación de la relajación del cuerpo, la voz y la mente.

El bardo de la muerte es como una persona que ha cometido un delito y sabe que tiene que ir a la cárcel. Aunque sabe esto, no tiene poder para huir. Le gustaría que las cosas permanecieran como están, pero no es capaz de mantener su situación y se lo van a llevar. Del mismo modo, cuando llega la enfermedad mortal, aunque uno sabe que se está muriendo no tiene poder para resistirse a ella. Uno recuerda todos los pecados que ha acumulado anteriormente en su vida y siente miedo y temor, pero carece de cualquier método para cambiar las cosas. La casa, la propiedad, la riqueza y las posesiones permanecen donde están y, separándose de los amigos, uno debe ir solo a vagar por una tierra donde todo es desconocido. Así, la mente tiene que soportar un gran sufrimiento en el bardo de la muerte.

El bardo de la realidad es como ser una sola persona que está rodeada por un ejército de mil soldados. Dondequiera que uno mire hay deidades pacíficas y airadas, luces, sonidos y rayos en movimiento turbulento por todas partes. Incluso si uno se asusta y empieza a correr, no es capaz de liberarse o escapar. Así, uno tiene el sufrimiento del miedo y el temor ilimitados.

El bardo del devenir es como ser una pluma llevada por el viento sin ningún poder sobre dónde es llevada. Uno ha venido de alguna parte, pero no tiene idea de lo que viene después. Uno no conoce su destino final. Uno no puede permanecer en el punto donde comenzó este bardo, sino que debe ir llorando a donde sea llevado. Con un corazón infeliz uno solloza de pena. El día y la noche no se pueden distinguir y uno no encuentra ni lugares ni personas familiares. Es como si uno fuera atraído hacia una tierra totalmente desconocida.

En el bardo del devenir, la mente y el cuerpo inician una nueva experiencia, ya que uno no puede retroceder, pues carece del poder de volver a entrar en los elementos y los skandas de su vida anterior. Tal vez el cadáver de uno fue quemado sin dejar rastro, o metido en la tierra o comido por los pájaros, de todos modos es imposible encontrarlo. No importa donde uno vaya, no puede encontrarlo. Tampoco se puede descansar en un lugar. Abyecto y sollozando uno se estremece en un terror desolador. El aliento que uno montaba como un caballo ha perdido su cuerpo anterior y vaga aquí y allá sin ningún sentido de la dirección como si fuera acosado por animales salvajes. Hay montañas en avalancha, océanos que se inundan, grandes infiernos, lluvias negras impenetrables y uno es conducido por vientos feroces. Perseguido por los soldados, se oyen aullidos y el ruido de los golpes y las matanzas. Aterrorizado por todo esto, uno huye a cualquier lugar que pueda. Sin embargo, aunque uno huya no encuentra alivio porque no hay protección. Sin poder elegir, uno debe nacer en uno de los seis reinos. Uno va buscando y corriendo, pero debido a su karma previamente creado, debe vagar en el limbo antes de su próxima vida.

Un ejemplo para mostrar la base de todos los bardos: una persona encargada de cuidar su vivienda se ha extraviado. Quiere volver a su lugar, pero no sabe dónde está y debe seguir viajando sin saber dónde está.

Estos son los ejemplos de los bardos.

Votos vajra

Octavo, las señales de los bardos

En *el bardo del nacimiento* uno tiene un cuerpo ilusorio. Allí la forma material de carne, sangre, skandas y dãtus tiene una existencia precisa que parece sustancial, pero es como un reflejo visto en el agua o en un espejo. No proyecta ninguna sombra a la luz del sol o de la luna. Esto constituye la base del desarrollo del cuerpo de carne y hueso.

La señal del bardo de los sueños consiste en que las apariencias insustanciales confusas surgen en muchas formas diferentes.

Las señales del bardo de la muerte consisten en las seis clases de indicaciones: externas, internas, secretas, lejanas, próximas y parciales.

En primer lugar, haz ofrendas de alimentos al Gurú, al Deva y a la Dakini, y con el apoyo del pastel simbólico torma (gTor-Ma), para los protectores, invítalos a la ofrenda serkyem[6] y luego ofrece los beneficios que surgen de esto a todos los seres.

Primera indicación, *las señales externas por las que uno puede ver si está a punto de morir o no*

El cuerpo se siente pesado, se pierde el apetito y los sentidos se embotan. Uno se enfada y la mente se impregna gradualmente de tristeza. Se tienen sueños turbulentos y el color del cuerpo cambia con frecuencia. El color de las uñas desaparece. Cuando estas cosas suceden uno tiene nueve meses o medio día de vida. Cuando el pus sale de los ojos uno morirá en cinco meses. Cuando el pelo de la parte posterior de la cabeza apunta hacia arriba, uno morirá en tres meses. Cuando se orina al estornudar, cuando la orina, el excremento y el semen salen al mismo tiempo, cuando el color de la cara cambia durante las diferentes actividades, cuando los sentidos son a veces claros y a veces confusos, cuando las cejas crecen más separadas, cuando sale vapor de la cabeza con la transpiración. Todos estos son signos de que uno ha entrado en la mano de Yama, el señor de la muerte.

Si se cierran los dos ojos con los dedos índices y se ve un remolino de luz, pero no en el ojo izquierdo, se morirá en seis meses. Si no hay movimiento en el ojo derecho, morirá en diez días. Si se ponen los dedos índices en los agujeros de los oídos y no entra ningún sonido, entonces uno ha sido atado con las cuerdas de Yama.

Si uno estaba enfadado en tiempos pasados pero está mucho más enfadado ahora, si no cumple sus promesas y tiene miedo de dónde se queda, si tiene en su corazón poca fe en el Darma, si está enfadado con la gente santa y siente pena dondequiera que se quede. Estas indicaciones de la muerte son los signos externos.

Segunda indicación, las señales internas son las que se refieren a los sueños y a la respiración.

Al amanecer del primer día del primer mes del calendario tibetano, siéntate recto. Si el aire sale por la fosa nasal izquierda durante tres días, seguido por tres días por la derecha, ese equilibrio significa que no es hora de morir. Si el orden se invierte, es seguro que uno morirá pronto. Si la respiración sale de ambas fosas nasales al mismo tiempo, uno morirá en tres días. Si ambas fosas nasales están obstruidas y el aliento entra por la boca, uno morirá inmediatamente.

Si los siguientes sueños ocurren antes o justo después de la medianoche, no tienen un significado fijo. Si ocurren en las dos horas anteriores al amanecer, su consecuencia es segura.

Soñar con un gato montado en un mono blanco y que viene del este, o con tigres, zorros, cadáveres, búfalos, cerdos, simios, insectos que vienen en tropel desde el sur. Estos son signos de muerte y por eso hay que hacer prácticas para rechazar la muerte.

Tercera indicación, las señales secretas de la muerte

Si en la mañana del primer día del año sale semen negro y sudor blanco, se dice que es señal de que uno morirá en dos meses. Si el semen es rojo se morirá en seis meses. Si el semen es blanco y caliente uno no decaerá inmediatamente. Si uno respira por las fosas nasales no morirá, ya que la vida está protegida. Si el semen se expulsa con frecuencia, uno morirá en cuatro meses. Si un nuevo lunar negro se desarrolla cerca de la uretra y uno tiene muchos deseos, estos son signos de muerte y uno debe practicar una meditación ritual de rescate.

Cuarta indicación, las señales distantes de la muerte

En un lugar aislado, mira el cielo el primer día del primer mes del año por la mañana o por la tarde, o bien por la noche del decimoquinto día, o en el crepúsculo y en el período previo al amanecer. En estos períodos de calma, cuando el cielo está despejado, siéntate desnudo y reza con mucha fuerza. Recita este rey de los mantras cien veces: "Om Ae Ye She Pa Ra Ha Ka Ra Te Sha Re Hung Phah". Recita los nombres de los Budas de las diez direcciones. Pídeles que retengan el sol y la luna y que escriban una letra A en la sombra de uno en el lugar de su corazón. Mantén los ojos enfocados en ella, muy rectos y firmes, y estabiliza tu mente. Si los ojos empiezan a moverse, mira al cielo. El propio reflejo surgirá en el cielo como una señal. Si está roto o no es claro, es una señal de una muerte inminente. Si el color del cielo no es claro, haz la práctica del mantra una y otra vez. Si el cielo es de un color blanco puro es señal de una larga vida.

Quinta indicación, las señales de una muerte próxima

Los dientes se cubren de una fuerte suciedad negra. Esto se llama la llegada de la forma demoníaca de los propios elementos, y uno morirá en nueve días. Cuando las fosas nasales se colapsan bloqueando el flujo de aire, si los brazos de uno comienzan a agitarse hacia adentro y hacia afuera, esto se llama el demonio Rila Nyagpa e indica la muerte en cinco días. Si los ojos desarrollan una mirada fija, la muerte llegará en tres días. Si uno puede ver su nariz directamente, entonces estará muerto en siete días. Si las lágrimas cesan en los ojos uno morirá en cinco días. Si el semen negro llega a la lengua, desarrollándose gradualmente, entonces uno morirá en dos días. Si el diafragma se colapsa y las fosas nasales también, es una señal de muerte inminente.

Más concretamente, este es el método para comprender los signos de la muerte. A mediodía, mira hacia el sur, siéntate y pon el codo derecho sobre la rodilla derecha levantada. Pon la palma de la mano en la frente de modo que la muñeca quede frente a los ojos. Mírala y se estrechará. Si se encoge de tal manera que parece que está partida por una sombra, entonces morirás en diecinueve días. Estas son las formas de identificar los signos próximos de la muerte.

Sexta indicación, *las señales parciales de la muerte*

Si uno no puede ver la nariz con los ojos, la muerte llega en cinco meses. Si no puede ver la punta de su lengua, entonces morirá en tres días. Si no puede ver su lado izquierdo reflejado en un espejo, es señal de que morirá en siete meses. Si uno siente calor cuando respira en la palma de la mano es señal de muerte. Si el reflejo de uno en el agua es sólo la mitad, es una señal de muerte. Si el sudor no permanece en el pecho y si el sudor no se seca, y si una persona tiene huevos de piojos, son signos de muerte.

Señales de que la muerte está cerca

Las señales externas son que la comida y la bebida se vomitan y el cuerpo tiene poco calor. La cabeza se inclina, la tez se vuelve sin vida y los sentidos se embotan. Los cinco elementos internos se absorben en la carne y los huesos. Esto es una señal de que los elementos externos se absorben en la tierra. El cuerpo se vuelve pesado, no tiene calor y parece caer bajo la tierra. La tierra se funde con el agua y se pierde la forma. El cuerpo pierde su poder y la mente se embota.

Las señales de la fusión de la sangre y la linfa en el elemento agua son que aparece líquido en la boca y la nariz, la lengua se seca y el diafragma se hunde. Cuando el agua se absorbe en el fuego, el cuerpo pierde su calor. La mente fluctúa entre la claridad y la pérdida de claridad.

Las señales de que el calor interior se ha fundido con el elemento fuego son que el cuerpo pierde todo su calor, los ojos se vuelven hacia arriba y ya no se reconoce a los demás.

Cuando el fuego se funde con el viento, todo el sentido de la luz se desvanece. La respiración en el cuerpo se funde con el elemento aire y la señal de ello es el jadeo. La consciencia se absorbe como si se produjera un espejismo. Los piojos y sus huevos abandonan el cuerpo.

La sangre que uno obtuvo de su madre y que ha permanecido debajo del ombligo se eleva y uno experimenta imágenes rojas. En ese momento cesan las apariencias que provienen del deseo y los cuarenta tipos de pensamientos que el deseo engendra.

El semen blanco que uno obtuvo de su padre y que ha permanecido en la parte superior de la cabeza desciende y debido a esto se producen imágenes blancas y amarillas. Cesan todos los treinta y tres tipos de pensamientos que surgen del enfado.

La respiración viene en bocanadas cada vez más largas.

Toda la sangre entra en el canal de la vida y luego se reúne en el corazón como una bola de sangre, lo que da lugar a una experiencia de oscuridad negra. Es tan oscuro como si uno estuviera en una casa que se ha caído.

En ese momento todas las experiencias que uno tiene se deben a la estupidez y entonces los setenta tipos de pensamientos que surgen de la estupidez cesan todos.

La boca se abre, los ojos miran hacia arriba y están en blanco. Las apariencias externas son como el sol poniente. Las puertas de los sentidos se cierran y todas las apariencias se vuelven oscuras y entonces cesan todas las imágenes y recuerdos. La respiración no se extiende más allá de un codo. La experiencia interior es como una noche oscura.

Luego, en el centro del corazón, la sangre y el semen se unen. La cabeza se desploma y la respiración se extiende hasta un brazo completo.

Luego, en el corazón, las tres bolas de sangre y semen se encuentran haciendo que la respiración jadee y se extienda por un tramo completo de dos brazos. Está muy oscuro, no hay memoria y la respiración exterior cesa.

La sangre ascendente y el semen descendente se encuentran en el corazón. En la consiguiente situación de felicidad, la consciencia se desvanece. La consciencia se funde en la claridad natural y debido a ello se produce la experiencia de la unión, del gozo coemergente y del conocimiento original.

En el corazón la presencia experimenta el encuentro de las realidades madre e hijo. La respiración interior termina, y el viento y la mente entran en el canal central. Entonces surge para todos los seres sensibles la claridad natural de la base.

Para un yogui que tiene experiencia de meditación y la claridad que surge del camino, la madre y el hijo se encuentran instantáneamente. Uno asciende directamente al Darmakaya no nacido con el Sambogakaya y el Nirmanakaya manifestándose sin esfuerzo para el beneficio de los seres. Con estas tres modalidades de iluminación que surgen sin esfuerzo, se manifiesta la Budeidad.

Los seres ignorantes que no han meditado experimentan el surgimiento de la claridad de la actualidad, pero no la reconocen. Debido a esto renacen una y otra vez, innumerables veces.

Aunque el amanecer de la claridad natural de la base es inexpresable, su reconocimiento libera a uno de los oscurecimientos del letargo de la ignorancia coemergente. De lo contrario, uno vaga sin límites en el samsara ilimitado.

Por esta razón, ahora que uno ha obtenido un cuerpo humano, es muy importante practicar las instrucciones de meditación profunda. Obtén las instrucciones de un buen maestro o de amigos que mantengan los votos y practica la meditación powa para transferir la propia consciencia fuera del cuerpo.

Las señales del bardo de la realidad son la aparición de sonidos, luces y rayos. La señal de los sonidos es que si uno se pone los dedos índices en los oídos escucha un sonido rugiente[7]. Cuando uno está en el bardo de la realidad, oye un sonido como el rugido de mil dragones. La señal de la luz es que si uno se pone los dedos índices en los ojos, ve luces. Cuando uno está en el bardo, está lleno de colores y de los cuerpos de deidades pacíficas y airadas. La señal de los rayos es que cuando uno mira la luz del sol y la luna, surgen rayos de luz como una secuencia de esferas de luz. Esta es la señal de lo que realmente surge como rayos de luz en el bardo.

Las señales del bardo del devenir son que cuando uno emerge del sueño inconsciente profundo[8] aparecen muchos sueños diferentes. En este bardo el cuerpo mental que uno tiene puede pasar sin obstrucción a través de montañas y rocas. Este cuerpo no proyecta ninguna sombra ni deja huella alguna ni hace ningún reflejo. Esto es una señal de que está libre de los elementos y de los skandas.

Así se explican las señales de los seis bardos.

Votos vajra

Traducido por C.R. Lama y James Low en 1979.

Revisado por James Low en 2013

Notas

[1] Los votos vajra recuerdan a los guardianes de este texto que está cuidadosamente protegido y sellado para que no se altere su auténtico significado.

[2] Aunque el texto dice "dieciocho", solo se enumeran trece y esta traducción solo abarca ocho.

[3] Los dieciocho elementos de la experiencia: los seis órganos de los sentidos (con el corazón para la mente); los seis sentidos (incluida la mente); los seis objetos de los sentidos (incluidos los pensamientos y los sentimientos).

[4] Los objetos sensoriales y las conciencias.

[5] Los cinco montones que constituyen una persona: forma, sentimiento, organización perceptiva, asociación, consciencia.

[6] Los ofrecimientos *gSer-sKyems* de té o alcohol, se hacen para propiciar y animar a los protectores del darma.

[7] Este sonido se toma para indicar el sonido autoexistente intrínseco al espacio abierto del ser.

[8] Este sueño no es el sueño corriente de la noche, es la profunda inconsciencia en blanco que puede producirse al final del bardo de la realidad cuando, por no reconocer la naturaleza de las formas airadas que aparecen, se cae inconsciente de terror.

4

༄༅། །བར་དོའི་རྩ་ཚིག་བཞུགས་སོ།

Los versos raíz
de
los bardos

རྒྱལ་བ་ཞི་ཁྲོའི་སྐུ་ལ་ཕྱག་འཚལ་ལོ། །བར་དོ་རྣམ་པ་དྲུག་གི་རྩ་ཚིག་ནི།

Saludo a los budas victoriosos[1] pacíficos y airados. Esto es un resumen de los seis bardos.

ཀྱེ་མ་བདག་ལ་སྐྱེ་གནས་བར་དོ་འཆར་དུས་འདིར།

KYE MA DAG LA KYE NAE BAR DO CHAR DU DIR

¡Ay![2] Ahora que el bardo de la vida[3] surge para mí,

ཚེ་ལ་ལོང་མེད་ལེ་ལོ་སྤང་བྱས་ནས།

TSHE LA LONG ME LE LO PANG JAE NE

debo abandonar toda pereza durante mi tiempo, que es demasiado corto para el ocio[4].

ཐོས་བསམ་སྒོམ་གསུམ་མ་ཡེངས་ལམ་དུ་འཇུག

THO SAM GOM SUM MA YENG LAM DU JUG

Manteniendo el camino de la escucha, la reflexión y la meditación sin distracciones,

སྣང་སེམས་ལམ་སློང་སྐུ་གསུམ་མངོན་འགྱུར་སྦྱངས།

NANG SEM LAM LONG KU SUM NGON GYUR JANG

debo progresar en el camino de la comprensión de la naturaleza de las apariencias[5] y de la mente, y practicar la manifestación de los tres modos de iluminación[6].

མི་ལུས་ལན་གཅིག་ཐོབ་པའི་དུས་ཚོད་འདིར༔
MI LU LAN CHIG THOB PAI DU TSHOD DIR

Ahora, en este momento en que he obtenido mi única oportunidad de un nacimiento humano[7],

ཡེངས་པ་ལམ་ལ་སྟོང་པའི་དུས་མ་ཡིན༔
YENG PA LAM LA TONG PAI DU MA YIN

no tengo tiempo para perder en el camino de la vacilación.

¡Ay! Ahora que el bardo de la vida surge para mí, debo abandonar toda pereza durante mi tiempo, que es demasiado corto para el ocio. Manteniendo el camino de la escucha, la reflexión y la meditación sin distracciones, debo progresar en el camino de la comprensión de la naturaleza de las apariencias y de la mente, y practicar la manifestación de los tres modos de iluminación. Ahora, en este momento en que he obtenido mi única oportunidad de un nacimiento humano, no tengo tiempo para perder en el camino de la vacilación.

(Lectura alternativa)

Nota: También existe la tradición de que las seis líneas de estos versos se lean en el orden 1, 5, 6, 2, 3, 4 como está a continuación.

¡Ay! Ahora que el bardo de la vida surge para mí, ahora en este momento en que he obtenido mi única oportunidad de un nacimiento humano, no tengo tiempo para perder en el camino de la vacilación. Debo abandonar toda pereza durante mi tiempo, que es demasiado corto para el ocio, y manteniendo el camino de la escucha, la reflexión y la meditación sin distracciones, debo progresar en el camino de la comprensión de la naturaleza de las apariencias y de la mente, y practicar la manifestación de los tres modos de iluminación.

ཀྱེ་མ་བདག་ལ་རྨི་ལམ་བར་དོ་འཆར་དུས་འདིར༔
KYE MA DAG LA MI LAM BAR DO CHAR DU DIR

¡Ay! Ahora, cuando el bardo de los sueños surge para mí,

གཏི་མུག་རོ་ཉལ་བག་མེད་སྤངས་བྱས་ནས༔
TI MUG RO NYAL BAG ME PANG JAE NE

debo abandonar el sueño desatento y cadavérico de la estupidez y

དྲན་པ་ཡེངས་མེད་གནས་ལུགས་ངང་ལ་འཇོག༔
DRAN PA YENG ME NAE LUG NGANG LA JOG

mantenerme en la apertura de mi situación original con un recuerdo inquebrantable.

རྨི༔ ལམ་བཟུང་ལ་སྒྱུལ་བསྒྱུར་འོད་གསལ་སྦྱངས༔

MI LAM ZUNG LA TRUL GYUR OD SAL JANG

Siendo consciente de mis sueños a medida que se presentan[8], debo transformarlos[9] en la práctica del resplandor natural[10].

དུད་འགྲོ་བཞིན་དུ་ཉལ་བར་མི་བྱ་བར༔

DUD DRO ZHIN DU NYAL WAR MI JA WAR

Sin dormir como un animal[11]

གཉིད་དང་མངོན་སུམ་འདྲེས་པའི་ཉམས་ལེན་གཅེས༔

NYI DANG NGON SUM DRE PAI NYAM LEN CHE

seguiré esta práctica tan importante de fundir el sueño con la experiencia directa mi verdadera naturaleza.

¡Ay! Ahora, cuando el bardo de los sueños surge para mí, debo abandonar el sueño desatento y cadavérico de la estupidez y mantenerme en la apertura de mi situación original con un recuerdo inquebrantable. Siendo consciente de mis sueños a medida que se presentan, debo transformarlos en la práctica del resplandor natural. Sin dormir como un animal seguiré esta práctica tan importante de fundir el sueño con la experiencia directa mi verdadera naturaleza.

(Lectura alternativa)

¡Ay! Ahora, cuando el bardo de los sueños surge para mí, sin dormir como un animal seguiré esta práctica tan importante de fundir el sueño con la experiencia directa mi verdadera naturaleza. Debo abandonar el sueño desatento y cadavérico de la estupidez y mantenerme en la apertura de mi situación original con un recuerdo inquebrantable. Siendo consciente de mis sueños a medida que se presentan, debo transformarlos en la práctica del resplandor natural.

ཀྱེ་མ་བདག་ལ་བསམ་གཏན་བར་དོ་འཆར་དུས་འདིར༔

KYE MA DAG LA SAM TAN BAR DO CHAR DU DIR

¡Ay! Ahora que el bardo de la estabilidad mental surge para mí,

རྣམ་གཡེངས་འཁྲུལ་བའི་ཚོགས་རྣམས་སྤངས་བྱས་ནས༔

NAM YENG TRUL WAI TSHOG NAM PANG JAE NE

debo abandonar todas las diferentes formas de confusión vacilante[12] y

ཡེངས་མེད་འཛིན་མེད་མཐའ་བྲལ་ངང་དུ་འཇུག༔

YENG ME DZIN ME THA DRAL NGANG DU JUG

mantenerme en la apertura inquebrantable[13] que no se aferra[14] y está libre de todo límite[15].

བསྐྱེད་རྫོགས་གཉིས་ལ་བརྟན་པ་ཐོབ་པར་བྱ༔
KYED DZOG NYI LA TAN PA TOB PA JA

Debo obtener estabilidad tanto en el sistema de desarrollo como en el de perfeccionamiento.

བྱ་བ་སྤངས་ནས་རྩེ་གཅིག་སྒྲུབ་དུས་འདིར༔
JA WA PANG NE TSE CHIG DRUB DU DIR

Abandonando todas las actividades mundanas, practicaré unidireccionalmente aquí y ahora.

ཉོན་མོངས་འཁྲུལ་པའི་དབང་དུ་མ་བཏང་ཞིག༔
NYON MONG TRUL PAI WANG DU MA TANG ZHIG

No debo caer bajo el poder desconcertante de las aflicciones[16].

¡Ay! Ahora que el bardo de la estabilidad mental surge para mí, debo abandonar todas las diferentes formas de confusión vacilante y mantenerme en la apertura inquebrantable que no se aferra y está libre de todo límite. Debo obtener estabilidad tanto en el sistema de desarrollo como en el de perfeccionamiento. Abandonando todas las actividades mundanas, practicaré unidireccionalmente aquí y ahora. No debo caer bajo el poder desconcertante de las aflicciones.

(Lectura alternativa)

¡Ay! Ahora que el bardo de la estabilidad mental surge para mí, abandonaré todas las actividades mundanas y practicaré unidireccionalmente aquí y ahora. No debo caer bajo el poder desconcertante de las aflicciones. Debo abandonar todas las diferentes formas de confusión vacilante y mantenerme en la apertura inquebrantable que no se aferra y está libre de todo límite. Debo obtener estabilidad tanto en el sistema de desarrollo como en el de perfeccionamiento.

ཀྱེ་མ་བདག་ལ་འཆི་ཁ་བར་དོ་འཆར་དུས་འདིར༔
KYE MA DAG LA CHI KHA BAR DO CHAR DU DIR

¡Ay! Ahora que el bardo de la muerte surge para mí,

ཀུན་ལ་ཆགས་སེམས་ཞེན་འཛིན་སྤངས་བྱས་ལ༔
KUN LA CHAG SEM ZHEN DZIN PANG JAE LA

debo abandonar todas las esperanzas, los deseos y el aferramiento[17].

གདམས་ངག་གསལ་བའི་ལམ་ལ་མ་ཡེངས་འཇུག༔
DAM NGAG SAL WAI LAM LA MA YENG JUG

Manteniéndome inquebrantablemente en el camino claro[18] de las instrucciones del darma,

རང་རིག་སྐྱེ་མེད་ནམ་མཁའི་དབྱིངས་སུ་འཕོ༔
RANG RIG KYE ME NAM KHAI YING SU PHO

debo integrar[19] mi presencia en el espacio no nacido como el cielo[20].

འདུས་བྱས་ཤ་ཁྲག་ལུས་དང་བྲལ་ལ་ཁད༔
DU JAE SHA TRAG LU DANG DRAL LA KHAD

Ahora que me estoy liberando de este cuerpo compuesto de carne y hueso,

མི་རྟག་སྒྱུ་མ་ཡིན་པར་ཤེས་པར་བྱ༔
MI TAG GYU MA YIN PAR SHE PAR JA

debo saber que es transitorio e ilusorio.

¡Ay! Ahora que el bardo de la muerte surge para mí, debo abandonar todas las esperanzas, los deseos y el aferramiento. Manteniéndome inquebrantablemente en el camino claro de las instrucciones del darma, debo integrar mi presencia en el espacio no nacido como el cielo. Ahora que me estoy liberando de este cuerpo compuesto de carne y hueso, debo saber que es transitorio e ilusorio.

(Lectura alternativa)

¡Ay! Ahora que el bardo de la muerte surge para mí, ahora que me estoy liberando de este cuerpo compuesto de carne y hueso, debo saber que es transitorio e ilusorio. Debo abandonar todas las esperanzas, los deseos y el aferramiento, y mantenerme inquebrantablemente en el camino claro de las instrucciones del darma. Debo integrar mi presencia en el espacio no nacido como el cielo.

ཀྱེ་མ་བདག་ལ་ཆོས་ཉིད་བར་དོ་འཆར་དུས་འདིར༔
KYE MA DAG LA CHO NYID BAR DO CHAR DU DIR

¡Ay! Ahora, cuando el bardo de la realidad[21] surge para mí[22],

ཀུན་ལ་དངངས་སྐྲག་འཇིགས་སྣང་སྤངས་བྱས་ནས༔
KUN LA NGANG TRAG JIG NANG PANG JAE NE

debo abandonar todas las nociones temerosas y aterrorizadas sobre lo que ocurre, y

གང་ཤར་རང་སྣང་རིག་པར་ངོ་ཤེས་བྱ༔
GANG SHAR RANG NANG RIG PAR NGO SHE JA

reconocer que lo que surge es el resplandor natural de mi propia presencia.

བར་དོའི་སྣང་ཚུལ་ཡིན་པར་ཤེས་པར་བྱ༔
BAR DOI NANG TSHUL YIN PAR SHE PAR JA

Debo saber que este es el modo de aparición de este bardo.

དོན་ཆེན་འགགས་ལ་ཐུགས་པའི་དུས་གཅིག་འོང༔
DON CHEN GAG LA THUG PAI DU CHIG ONG

Ahora que llega este momento tan importante y crucial[23],

རང་སྣང་ཞི་ཁྲོའི་ཚོགས་ལ་མ་འཇིགས་ཤིག༔
RANG NANG ZHI TROI TSHOG LA MA JIG ZHIG

no debo tener miedo de las huestes de formas pacíficas y airadas que son mi propia luminosidad.

¡Ay! Ahora, cuando el bardo de la realidad surge para mí, debo abandonar todas las nociones temerosas y aterrorizadas sobre lo que ocurre, y reconocer que lo que surge es el resplandor natural de mi propia presencia. Debo saber que este es el modo de aparición de este bardo. Ahora que llega este momento tan importante y crucial, no debo tener miedo de las huestes de formas pacíficas y airadas que son mi propia luminosidad.

(Lectura alternativa)

¡Ay! Ahora, cuando el bardo de la realidad surge para mí, ahora que llega este momento tan importante y crucial, no debo tener miedo de las huestes de formas pacíficas y airadas que son mi propia luminosidad. Debo abandonar todas las nociones temerosas y aterrorizadas sobre lo que ocurre, y reconocer que lo que surge es el resplandor natural de mi propia presencia. Debo saber que este es el modo de aparición de este bardo.

ཀྱེ་མ་བདག་ལ་སྲིད་པ་བར་དོ་འཆར་དུས་འདིར༔
KYE MA DAG LA SID PA BAR DO CHAR DU DIR

¡Ay! Ahora que el bardo del renacimiento surge para mí,

འདུན་པ་རྩེ་གཅིག་སེམས་ལ་བཟུང་བྱས་ནས༔
DUN PA TSE CHIG SEM LA ZUNG JAE NE

debo mantener mi mente en una devoción unidireccional[24] y

བཟང་པོ་ལས་ཀྱི་འཕྲོ་ལ་ནན་གྱིས་འཐུད༔
ZANG PO LAE KYI TRO LA NAN GYI THUD

fomentar con fuerza la maduración de mi buen karma[25].

མངལ་སྒོ་དགག་ནས་རུ་ལོག་དྲན་པར་བྱ༔
NGAL GO GAG NE RU LOG DRAN PAR JA

Al cerrar la puerta del vientre materno[26] debo recordar revertir el proceso que lleva a la existencia[27].

སྙིང་རུས་དག་སྣང་དགོས་པའི་དུས་གཅིག་ཡིན༔
NYING RU DAG NANG GO PAI DU CHIG YIN

Este es el único momento en que se requiere una auténtica visión pura, así que,

མིག་སེར་སྤངས་ནས་བླ་མ་ཡབ་ཡུམ་སྒོམ༔

MIG SER PANG NE LA MA YAB YUM GOM

abandonando todos los celos, meditaré en mi gurú con su consorte[28].

¡Ay! Ahora que el bardo del renacimiento surge para mí, debo mantener mi mente en una devoción unidireccional y fomentar con fuerza la maduración de mi buen karma. Al cerrar la puerta del vientre materno debo recordar revertir el proceso que lleva a la existencia. Este es el único momento en que se requiere una auténtica visión pura, así que, abandonando todos los celos, meditaré en mi gurú con su consorte.

(Lectura alternativa)

¡Ay! Ahora que el bardo del renacimiento surge para mí, este es el único momento en que se requiere una auténtica visión pura, así que, abandonando todos los celos, meditaré en mi gurú con su consorte. Debo mantener mi mente en una devoción unidireccional y fomentar con fuerza la maduración de mi buen karma. Al cerrar la puerta del vientre materno debo recordar revertir el proceso que lleva a la existencia.

འཆི་བ་འོང་སྙམ་མེད་པའི་བློ་རིང་པོ༔

CHI WA ONG NYAM MED PAI LO RING PO

Sin pensar que la muerte vendrá,

དོན་མེད་ཚེ་འདིའི་བྱ་བ་བསྒྲུབས་བསྒྲུབས་ནས༔

DON ME TSHE DI JA WA DRUB DRUB NE

he pasado esta vida en la práctica constante de la actividad sin sentido[29],

ད་རེས་སྟོང་ལོག་བྱ་ན་འདུན་མ་འཁྲུལ༔

DA RE TONG LOG JA NA DUN MA TRUL

y ahora si me voy de ella con las manos vacías, eso será una gran pérdida y un fracaso.

དགོས་ངེས་ཤེས་པ་དམ་པའི་ཆོས་ཡིན་པས༔

GOE NGE SHE PA DAM PAI CHO YIN PAE

Debo recordar que la única necesidad cierta es el santo darma[30].

ད་ལྟ་ཉིད་དུ་ལྷ་ཆོས་མི་བྱེད་དམ༔

DAN TA NYID DU LHA CHO MI JED DAM

Por lo tanto, si ahora, en este momento, no medito en las formas divinas

དྲིན་ཅན་བླ་མའི་ཞལ་ནས་འདི་སྐད་གསུངས༔

DRIN CHEN LA MAI ZHAL NE DI KAD SUNG

ni tengo en cuenta las instrucciones que he recibido

བླ་མའི་གདམས་ངག་སེམས་ལ་མ་བཞག་ན༔

MAI DAM NGAG SEM LA MA ZHAG NA

de la propia boca de mi amabilísimo gurú,

རང་གིས་རང་ཉིད་བསླུས་པར་མི་འགྱུར་རམ༔

RANG GI RANG NYID LU PAR MI GYUR RAM

¿no me estaré engañando a mí mismo?

Sin pensar que la muerte vendrá, he pasado esta vida en la práctica constante de la actividad sin sentido, y ahora si me voy de ella con las manos vacías, eso será una gran pérdida y un fracaso. Debo recordar que la única necesidad cierta es el santo darma. Por lo tanto, si ahora, en este momento, no medito en las formas divinas ni tengo en cuenta las instrucciones que he recibido de la propia boca de mi amabilísimo gurú, ¿no me estaré engañando a mí mismo?

བར་དོ་རྣམ་པ་དྲུག་གི་རྩ་ཚིག་རྫོགས་སོ༔

Esto concluye LOS VERSOS RAÍZ DE LOS SEIS BARDOS, del terma de Karma Lingpa.

Traducido por C.R. Lama y James Low en Santiniketan, Bengala, India 1978

Revisado por James Low, junio 2013

NOTAS

[1] Victoriosos hace referencia a la victoria sobre la limitación.
[2] ¡Qué triste estar atrapado en la ignorancia!
[3] Tiempo de vida desde el nacimiento o el momento de la concepción hasta la muerte.
[4] Es decir, la vida es muy corta y no sabemos cuándo acabará.
[5] Vistas desde *sunyata*, vacuidad.
[6] Darmakaya, Sambogakaya, Nirmanakaya.
[7] Obtener un nacimiento humano, especialmente uno con las 18 libertades y oportunidades, gasta tanto buen karma que es muy difícil volver a obtener uno.
[8] Siendo consciente de ellos y de su naturaleza, y no olvidar esto al despertar.
[9] Transformarlos con la comprensión de su naturaleza ilusoria.

[10] Iluminación clara, claridad natural, cualidad autoluminosa.
[11] Por ejemplo, con una mente opaca o apagada.
[12] Todos los pensamientos que surgen de la incertidumbre sobre la verdadera naturaleza.
[13] Siempre en meditación *mNyam-bZhag*, o equilibrio meditativo, no reactivo e imperturbable.
[14] Siempre en *rJe-Thob*, pos-meditación, actividades como comer y beber, viajar y dormir.
[15] Sin conceptualización cosificadora.
[16] Aflicciones como el enfado, el deseo, etc.
[17] Los asuntos mundanos.
[18] Manteniéndolas en la mente de forma clara.
[19] Como una burbuja que sube en el agua hirviendo.
[20] Sunyata.
[21] Bardo del darmatá, o de la esencia de los darmas (fenómenos), es decir, vacuidad.
[22] Empieza a aparecer justo tras la muerte.
[23] Es decir, muy apremiante, urgente y necesario de usar.
[24] Mantenerla unidireccionalmente en los puros pensamientos del darma y en la comprensión de la no-dualidad.
[25] Este es el momento de esforzarse por un buen renacimiento y, para ello, es necesario mucho buen karma, por lo que debemos hacer surgir solo buenos pensamientos.
[26] La entrada a los seis reinos.
[27] Retroceder a través de las etapas de originación dependiente, hasta la ignorancia, y luego trascenderla. Con respecto a la ignorancia, ver página 72 del capítulo 1, la sección titulada "Cortar a través" o "Experiencia indirecta".
[28] Cuando uno se acerca y está a punto de nacer en el vientre de una mujer que está haciendo el amor, se medita muy fuertemente en que la pareja es de hecho el propio gurú con su consorte y de
esta forma se destruyen todos los apegos llenos de deseo y se superará el impulso de entrar. Si terminamos entrando, será fusionándonos con su néctar.
[29] Es decir, acciones que no conducen al despertar.
[30] Porque solo el darma nos puede ayudar en el momento de la muerte.

5

La meditación de Vajrasatva que purifica todos los errores y oscurecimientos

El texto

Hay seis aspectos en este tema:

1. La *base* sobre la que se purifican los errores.
2. Los *errores* que hay que purificar.
3. El *método* con el que se purifican los errores.
4. Los *resultados* obtenidos al purificar los errores.
5. Las *dificultades* que se experimentan cuando los errores no se purifican.
6. Los *beneficios* de expiar los errores.

1. La base sobre la que se purifican los errores

La naturaleza base original (gZhi) de la iluminación, la budeidad primordial, siempre ha estado presente en la mente de todos los seres sensibles. Al igual que el cielo claro puede ser cubierto por nubes que aparecen repentinamente, esa naturaleza original puede parecer contaminada por múltiples nociones dualistas defectuosas. Pero al igual que la naturaleza original del propio cielo está libre de la más mínima falta o buena cualidad (como las nubes o el sol), la presencia natural de la mente es pura en sí misma, pues los oscurecimientos, las ideas falsas y las aflicciones son meramente adventicias.

Así, si preguntamos cuál es la forma de existencia de la base, su naturaleza es absolutamente pura del mismo modo que un trozo de carbón cuya naturaleza es negra y nunca se vuelve blanca.

2. Los errores que hay que purificar

Todos los seres sensibles, todos los que existen en los seis reinos del deseo y de las dimensiones la forma y la no forma, están atrapados en la red de pensamientos o impurezas que surgen de la creencia repentina en la dualidad. En todas sus vidas durante el tiempo sin principio hasta ahora, han desarrollado los oscurecimientos del karma que surgen de las diez acciones no virtuosas, los cinco errores ilimitados, los cinco errores similares, los cuatro errores pesados, las ocho prácticas erróneas[1] y todo lo que es naturalmente erróneo. Por ejemplo, al igual que el verdín puede surgir en la superficie de un espejo de cobre, los rastros sutiles de los oscurecimientos de lo que se puede conocer residen en la naturaleza real de la base de todo.

"EL TIEMPO, LA IMPLICACIÓN, EL PENSAMIENTO, EL OBJETO, LA NATURALEZA Y EL MEDIO DE APARICIÓN SON LAS SEIS FORMAS POR LAS QUE SE ACUMULA EL KARMA".

> i. *TIEMPO*: durante todas nuestras vidas en el samsara sin principio hasta ahora, se han acumulado muchos errores.
>
> ii. *IMPLICACIÓN*: uno mismo ha cometido errores y actividades no virtuosas, y ha animado a otros a hacer tales cosas y se ha complacido con estas malas acciones cometidas por otros.
>
> iii. *PENSAMIENTO*: los variados pensamientos que surgen de las cinco aflicciones venenosas de la suposición, la atracción, la aversión, el orgullo y los celos desarrollan los numerosos errores que se acumulan.
>
> iv. *OBJETO*: los errores se acumulan sobre la base de la conexión de uno con esos objetos excelentes, el gurú y las tres joyas -buda, darma y sangha- y con los propios padres.
>
> v. *NATURALEZA*: hay lapsos definidos doctrinalmente, lapsos definidos naturalmente y lapsos convencionales.
>
> vi. *MEDIOS DE APARICIÓN*: los errores y los oscurecimientos surgen a través del cuerpo, la voz y la mente.

3. El método de purificación de los errores

Esto tiene cuatro aspectos:

> **a.** La potencia del campo de actividad.
>
> **b.** La potencia de la aplicación efectiva de antídotos.
>
> **c.** La potencia de la renuncia total.

d. La potencia de abandonar el retorno al error.

a. La potencia del campo de actividad

Imagino que delante de mí están todos mis enemigos y los que están enfadados conmigo. A mi derecha está mi padre y a mi izquierda mi madre. A mi espalda están los demonios molestos. Estamos rodeados de todos los seres sensibles, tantos como para llenar el cielo.

En el cielo, justo delante de la coronilla de mi cabeza, descansando sobre cojines de loto, sol y luna, está el glorioso señor Vajrasatva, que abarca la naturaleza de todos los budas de los tres tiempos. Es de color blanco, resplandeciente de luz y esplendor infinitos, como una montaña de nieve a la luz de un millón de soles. Tiene una cara y dos manos. La mano derecha sostiene un vajra que simboliza la naturaleza inmutable de la presencia y la vacuidad. La mano izquierda sostiene contra el muslo una campana de plata que simboliza la unión de la apariencia y la vacuidad. Está sentado con el pie izquierdo recogido y el derecho ligeramente extendido, en la postura de un Bodisatva. Muestra los nueve aspectos pacíficos. Estos son que es suave, flexible, capaz de todos los movimientos posibles, fluido, de aspecto juvenil, transparente, brillante, relajado e impresionante. Su cuerpo está bellamente adornado con los trece ornamentos del sambogakaya. Estos son la corona de las cinco familias de budas, los pendientes, el collar corto, el collar medio a la altura del corazón, el collar largo hasta el ombligo, las pulseras, las tobilleras, el cinturón enjoyado, el corpiño superior de seda blanca, el doti de seda multicolor, el pañuelo/faja amarilla, la cinta multicolor bajo la corona y el pañuelo largo colgado sobre los hombros.

En el centro de su corazón, sobre un disco de luna, se encuentra la letra semilla blanca Hung (ཧཱུྃ) que es la esencia de su ser. A su alrededor, como un collar de perlas, gira el mantra de cien sílabas. Girando hacia la derecha, el mantra emite innumerables rayos de luz que se elevan como ofrendas a los reinos puros y también descienden para eliminar todo el sufrimiento en los seis reinos. De este modo, uno se beneficia a sí mismo y a los demás.

Los rayos de luz se reúnen de nuevo en el interior de Vajrasatva y entonces un flujo de elixir liberador desciende y emerge del dedo gordo de su pie derecho. Entrando a través de las coronillas de mi cabeza y de las de todos los seres sensibles, llena gradualmente nuestros cuerpos. Todas las acciones erróneas, los oscurecimientos y las huellas kármicas sutiles que hemos acumulado desde el tiempo sin principio aparecen como polvo de carbón líquido y agua de hollín, y todas las enfermedades aparecen en forma de sangre y pus. Todos los demonios y las fuerzas impuras aparecen en forma de serpientes e insectos, escorpiones, renacuajos, etc.

Todas nuestros obscurecimientos e impurezas aparecen como humo y vapor y salen de nuestros años y descienden sin quedarse en ninguno de los nueve reinos bajo la superficie de la tierra. Luego entran en la boca abierta del señor de la muerte, *Las-Kyi gShin-rJe*, que ha sido designado para este deber por todos los budas de los tres tiempos. También entran en las bocas de todos los demonios y de las personas problemáticas y con ello se vuelven felices y satisfechos. Se pagan todas las deudas pendientes y todos los reclamantes problemáticos se quedan satisfechos. La muerte prematura, las dificultades y los obstáculos se eliminan para mí y para todos los seres sensibles. Todas nuestras esperanzas y deseos se cumplen. Debemos creer que todo el karma y los oscurecimientos de los señores de la muerte, todas las enfermedades y dolencias y todo lo que nos perturba se purifica.

De este modo, la corriente del elixir liberador nos limpia y nos purifica. Permaneciendo en esta situación, uno debe evitar la socialización frívola y las distracciones, cesar la conversación ordinaria y concentrarse unidireccionalmente en la recitación del mantra de cien sílabas:

OM VAJRASATTVA SAMAYAM ANUPALAYA VAJRASATTVA TVENOPATISTHA DRIDHO ME BHAVA SUTOSYO ME BHAVA SUPOSYO ME BHAVA ANURAKTO ME BHAVA SARVA SIDDHIM ME PRAYACCHA SARVA KARMA SUCA ME CITTAM SREYAM KURU HUM HA HA HA HA HO BHAGAVAN SARVA TATHAGATA VAJRA MA ME MUNCA VAJRI BHAVA MAHASAMAYASATTVA AA

También podemos utilizar las letras del mantra como una forma de expresar brevemente cómo la base surge en la propia base; es decir, la comprensión del conocimiento original de la amplitud de la base original:

OM indica la situación original básica de la inseparabilidad de la modalidad (*sKu*) y el conocimiento original (*Ye-Shes*).

VAJRASATTVA SAMAYAM indica que la situación original de inseparabilidad de la base es el compromiso primordial de Vajrasatva con la naturaleza de todo el samsara y el nirvana.

ANUPALAYA indica que me dedicaré verdaderamente al despertar en la gran iluminación natural de la realidad primordial que es la verdadera naturaleza de Vajrasatva que mora como la naturaleza real original.

VAJRASATTVA TVENOPATISTHA indica que con esta auténtica experiencia no hay que buscar a Vajrasatva por todas partes, ya que desde el principio uno siempre ha permanecido con él, sin ninguna separación real.

DRIDHO ME BHAVA Lo que se llama "yo" o "sí mismo" es la autoconfusión de la mente, pues la mente no es un objeto que pueda ser examinado. Sin embargo, cuando se observa con la inteligencia auténtica que es la automanifestación de la sabiduría, entonces la posición original primigenia de la base, el corazón de la iluminación, se experimenta auténticamente, o se ve claramente, o es como la mente de uno permanece.

SUTOSYO ME BHAVA El estado mental impuro y confuso conocido como "yo" une (es decir, cosifica) todos los elementos básicos de la existencia (skandas, dātus, ayutana). Cuando el karma y los oscurecimientos se purifican al igual que en la alquimia el hierro se convierte gradualmente en oro, Vajrasatva se vuelve muy feliz.

SUPOSYO ME BHAVA Con esa pureza, gradualmente todos los objetos percibidos por la mente desde la situación del "yo" se sellan como la autoexpresión del conocimiento original. Y así todas las apariencias posibles se experimentan como la pura infinitud de modos y dimensiones de los budas y a uno mismo se le muestra felizmente el propio rostro.

ANURAKTO ME BHAVA Todos los seres sensibles, los que se identifican como "yo", han caído bajo el poder de la confusión de la cosificación. Ojalá podamos conectarnos verdaderamente y recibir tu bendición del poder efectivo y la capacidad de acabar con nuestras faltas que se revelan a sí mismas y luego vaciar los tres mundos del samsara.

SARVA SIDDHIM ME PRAYACCHA Por favor, concédeme los logros generales de la pacificación de los ocho y los dieciséis miedos dentro de la situación de presencia. Y también, por favor, concédeme el logro supremo de obtener el nivel de los cuatro vidyadaras (*vipak, ayush, mahamudra, sahaja*, los niveles más altos del logro tántrico).

SARVA KARMA SUCA ME CITTAM SREYAM KURU Consiguiendo estos dos logros y obteniendo el poder sobre el nacimiento y la muerte, mediante una gran oleada de actividad podré llevar la virtud y la felicidad a los corazones y las mentes de todos los seres sensibles.

HUM indica el vajra, la naturaleza real inmutable de la mente de todos los budas.

HA HA HA HO indica que el vajra de esa mente inmutable tiene la naturaleza de los cinco modos (natural, despliegue, manifiesto, definitivo e integrado) y los cinco conocimientos originales (infinito, cual espejo, igualdad, percepción exacta, que obtiene todos los logros).

BHAGAVAN SARVA TATHAGATA En cuanto a esa naturaleza real e inmutable de la mente, es la presencia de la verdadera naturaleza de todos los budas de las distintas familias, por lo que es el símbolo del modo natural (*darmakāya*) de los budas.

VAJRA MA ME MUNCA simboliza la cualidad del modo de manifestación (*sambogakāya*) de todos los budas.

VAJRI BHAVA MAHA indica el flujo incesante de beneficio para los demás, que es el modo manifiesto compasivo (*nirmanakāya*) de todos los budas.

SAMAYASATTVA De este modo, con una comprensión clara del significado último de los puntos clave secretos del camino de la perfección natural, en este mismo momento me convierto en un gran ser (*mahasatva*) que posee la confianza adamantina de la libertad del miedo.

Aa indica la naturaleza original que es la base de todo lo que aparece, la naturaleza que no ha nacido, libre de ir y venir, de salir o entrar.

Estas cien letras representan las cuarenta y dos deidades pacíficas y las cincuenta y ocho deidades airadas, y son la esencia de las cien familias de los pacíficos y los airados. En esencia, pertenecen a la única familia de Vajrasatva, cuyo mantra del corazón está compuesto por estas cien letras.

Así, tanto la visualización de la deidad como la recitación del mantra forman el antídoto real que purifica el karma, las aflicciones y los oscurecimientos de todos los seres sensibles. El sonido del mantra surge como la manifestación espontánea de la compasión de todos los budas de los tres tiempos. Lava como agua purificadora. Arde como el fuego llameante que limpia y purifica. Expulsa la suciedad como el viento y tiene las cualidades de todo lo purificante.

Además, imaginando que todo tu cuerpo, por dentro y por fuera, es como un recipiente de cristal que se lava con agua para eliminar toda la suciedad y el polvo, recita ese mantra de cien sílabas y el mantra corto (OM VAJRA SATVA HUNG) durante todo el tiempo que puedas. Luego imagina que todo se disuelve en la luz y se funde en ti. Luego tú te fundes en la luz y te disuelves en Vajrasatva en la coronilla de tu cabeza. Luego se disuelve en su esencia vital Hung (ཧཱུྃ). Los diferentes elementos de la letra tibetana Hung se van disolviendo uno en otro, de abajo arriba, hasta que el pico superior se desvanece como un arco iris insustancial. Permanece en la forma natural de la mente, la situación de vacuidad libre de conceptualización.

Finalmente, recita la dedicación de mérito y las oraciones de aspiración según sea tu manera de practicar.

EN CUANTO A LOS SIGNOS DE QUE LOS ERRORES Y LOS OSCURECIMIENTOS DE UNO HAN SIDO PURIFICADOS: experimentar realmente o tener la sensación en un sueño, sea como sea, de que el cuerpo de uno se está lavando o de que está cayendo lluvia, purificando las manchas del cuerpo. Experimentar que salen del cuerpo insectos, gusanos, pus, sangre podrida, o que sale agua con hollín, aceite brillante o vapor. Experimentar que la propia carne se desprende y luego se restablece, o salir de un pantano o estanque.

Experimentar que desde el propio cuerpo se irradia luz, o que del cuerpo o del entorno se emana elixir de olor dulce. Experimentar que se vuela en el cielo o que se lleva ropa blanca. Si uno tiene estas experiencias es una señal de que ha purificado sus errores y oscurecimientos. Por lo tanto, hay que practicar fuertemente hasta obtener estas señales.

b. La potencia de la aplicación efectiva de los antídotos

Es importante ser diligente en la práctica de la expiación y la purificación, ya sea de acuerdo con el *Tantra de la expiación sin mancha* que está en el *Tantra del Elefante Descargado* que se encuentra en la tradición abierta *(bKa'-Ma)* del victorioso perfectamente iluminado, o de acuerdo con el *Modo supremo del conocimiento original* u otros textos similares que se encuentran en los profundos tesoros de Gurú Padmasambava.

En general, es importante practicar la virtud con el cuerpo, la voz y la mente, animar a los demás a practicar la virtud y ser diligente en el abandono de la no virtud.

En particular, se debe ser diligente en la práctica de los sistemas de desarrollo y perfeccionamiento. Además, al permanecer equilibradamente en la vía natural de la gran perfección, esta práctica definitiva tiene el poder de erradicar completamente la ignorancia causal de la creencia en un yo cosificado, que es la raíz de todo lo que ocurre en los tres mundos del samsara. Esto es como sostener una lámpara en una habitación oscura, por lo que las enseñanzas supremas se deben practicar con diligencia.

Además, hay que ser enérgico en los métodos de expiación del error que se encuentran en muchas prácticas diferentes, como hacer estatuas sagradas, libros y estupas, mostrar respeto a la sanga y ser generoso con los pobres.

c. La potencia de la renuncia total

Si comieras un alimento mezclado con veneno y luego te dieras cuenta de ello, experimentarías un gran temor de morir a causa del veneno. De manera similar, cuando recuerdas las acciones causales erróneas y no virtuosas que has hecho, debe surgir en tu mente un gran temor por las consecuencias. Debes pensar de la siguiente manera:

> *"En todas mis vidas durante este samsara sin principio he sido un malhechor que ha acumulado muchos, muchos errores. Esto es realmente cierto y definitivo. Frente a aquellos virtuosos que no tienen errores, me siento avergonzado y estos virtuosos también me experimentan como una persona bochornosa. Así que con gran culpa y remordimiento confieso y expío plenamente mis errores. El resultado de los errores que he cometido en el pasado es seguramente el sufrimiento, y tendré que experimentarlo. Sabiendo esto debo confesar rápidamente y hacer votos para ser puro. Sin intentar ocultar estos errores ni mantenerlos en secreto dentro de mi mente, confesaré ante el refugio de mi gurú y del buda, el darma y la sanga, sin ocultar ni mantener en secreto ninguno de los errores que he cometido en el pasado, los que cometo ahora y los que se me ocurra cometer en el futuro. Yo y todos los seres sensibles somos ignorantes y estamos confundidos y es seguro que experimentaremos dificultades debido a las acciones que hemos llevado a cabo en nuestra confusión. Por los errores que hemos acumulado, les pedimos a ustedes, santos, que nos concedan el perdón. Todos estos errores acumulados son en*

realidad ilusorios, así que por favor aceptad nuestra confesión expiatoria y purificad rápidamente nuestros errores y oscurecimientos".

Reza así repetidamente desde tu corazón y haz oraciones de aspiración.

d. La potencia de abandonar el retorno al error

"A PARTIR DE ESTE MOMENTO, AUNQUE ESTÉ EN JUEGO MI VIDA, NO HARÉ NADA ERRÓNEO O NO VIRTUOSO". Es muy importante comprometerse firmemente a mantener esta decisión.

Debemos rezar una y otra vez a nuestro gurú y a la triple gema hasta que tengamos una clara aspiración de no hacer las acciones no virtuosas que solíamos hacer, hasta que los hábitos de querer realizarlas ya no se presenten ni siquiera en nuestros sueños.

Si uno se confiesa genuinamente usando el poder expiatorio de esos cuatro potentes antídotos, entonces sus errores y deslices, tanto grandes como pequeños, serán purificados y no se repetirán - todos los textos están de acuerdo en esto. Pero si uno no decide claramente no hacer estas cosas en el futuro, entonces, incluso si uno aplica plenamente los tres primeros antídotos enumerados anteriormente, sus errores serán difíciles de limpiar. Si uno cometiera ahora un solo error, y sabiendo que tiene los medios para expiar el error por medio de la confesión, confiara en el poder de la confesión para apoyar la repetición del error, entonces nunca podría limpiar sus errores.

Por lo tanto, las personas sabias e inteligentes hacen uso de los cuatro antídotos expiatorios para limpiar todos los errores que han cometido y no cometer más errores en el futuro, y así evitar problemas. Si hacen algo muy malo, entonces la potencia de la expiación a través de los cuatro antídotos potentes disminuirá su efecto. Si las personas insensatas cometen incluso pequeños errores, entonces, debido a que no saben cómo expiarlos, estos pequeños errores los acompañarán siempre y tendrán que lidiar con una montaña de errores acumulados.

4. Los resultados obtenidos al purificar los errores

Oculta en el lodo del fondo del océano hay una joya, y si esa joya se recupera, se lava, se seca y luego se pule, aparece como la gema del cumplimiento de los deseos. Del mismo modo, oculta entre los oscurecimientos adventicios de las aflicciones[2] y los cognoscibles[3] está la base primordial, la realidad del corazón de la iluminación. El método por el que se libera[4] en su propio lugar es a través de los cuatro potentes antídotos. Si realizas esta práctica esencial con determinación, entonces por su poder comprenderás el proceso de tu mente que es la base para reconocer el conocimiento original. Entonces la comprensión continuará desarrollándose y hasta los oscurecimientos más sutiles se purificarán. Tus buenas cualidades aumentarán y todos los obstáculos en el camino hacia la budeidad serán pacificados. Atravesando las diez etapas y las cinco vías, alcanzarás la seguridad primordial.

5. Las dificultades que se experimentan cuando no se purifican los errores

En general, el comportamiento de los seres ordinarios contiene muchas acciones causales no virtuosas, de modo que parece que los errores son demasiado insignificantes para acumularse. Sin embargo, se acumulan gradualmente, al igual que los grandes océanos se forman por la acumulación de pequeñas gotas de agua. Así, uno acumula una masa de errores que le hacen dar vueltas y vueltas en el samsara, descendiendo cada vez más hasta que se mueve sólo en los tres reinos más bajos de los animales, los espíritus hambrientos y los infiernos. Desde allí es muy difícil ascender a los tres reinos superiores, y mucho menos conseguir la liberación.

6. Los beneficios de expiar los errores

En este momento vivimos bajo el poder de nuestra despreocupación anterior debido a la cual acumulamos nuestros errores y equivocaciones. Sin embargo, ahora y en el futuro, con el poder que da ser cuidadosos, podemos hacer una confesión totalmente expiatoria, de modo que sigamos siendo liberados aunque hayamos cometido los graves cinco errores ilimitados. Esto lo enseñó el Buda. Para ello se suelen dar los ejemplos de Ananda, Angulimala, Sudarshana y Nanda. De acuerdo con esta explicación, las personas inteligentes que han hecho poca práctica previa del darma, o que han tenido pocas esperanzas de obtener una experiencia significativa de meditación o realización, deberían tomar como su primera búsqueda del darma esta práctica de purificación de los errores. Entonces sus cualidades aparecerán automáticamente, como cuando se quita el óxido de un espejo de hierro. Por lo tanto, es muy importante mantener realmente este eficaz sistema en la mente.

Notas

[1] Detalles de estas categorías de limitaciones se dan en el capítulo 1 de Simplemente Ser.
[2] El oscurecimiento de las aflicciones se refiere al poder delusorio de la inmersión en la estupidez, la atracción y la aversión, y todas sus aflicciones derivadas.

[3] El oscurecimiento de los cognoscibles se refiere al poder delusorio de la identificación con los conceptos y la confianza en ellos. Esto lleva a la experiencia de vivir en un mundo constituido por entidades reales que uno ha pensado.

[4] Es liberada de los oscurecimientos que nunca la han oscurecido. Primordialmente libre y pura, impregna a todos los seres. Sin embargo, para ellos, en su ignorancia, es como una esencia dentro de ellos que tiene que ser liberada de las contaminaciones que la atrapan.

6

Padmasambava se presenta a sí mismo

El rey Trisong Detsen (*Khri-Srong lDeu-Tsan*) pensó,

"Soy el rey de todo el Tíbet. Incluso el gran Acharya Shantarakshita se ha inclinado ante mí. Así que ahora, el Acharya Padmasambava debería inclinarse ante mí".

Entonces Padmasambava se presentó a sí mismo:

"Saludo al Gurú y al Buda, Darma y Sanga. ¡Escúchame, rey tibetano!

Yo soy Padmasambava, el hijo de todos los Budas del pasado, presente y futuro. He adquirido méritos durante muchos kalpas, periodos amplios de tiempo. Debido a esto, me he convertido en Buda Padmasambava.

Entiendo la filosofía budista en su totalidad. He estudiado todas las enseñanzas recopiladas, todos los Pitakas y Agamas. Llevo conmigo todas las enseñanzas Mahayana. Soy puro Darma Padmasambava.

He dominado todas las prácticas y enseñanzas de todos los caminos. Externamente, me pongo el vestido de un monje. Internamente, soy un yogui del más alto vehículo del mantra anutara. Soy Sanga Padmasambava.

La visión, las prácticas y las enseñanzas del darma están conmigo. Mi conocimiento es mayor que el nirvana. Mi vehículo es mayor que el samsara. Estoy atento a la causa y al efecto y no realizo ningún pecado ni actividades inhábiles. Así que soy Gurú Padmasambava.

Tengo enseñanzas que siempre producen buenos resultados para quienes entran en contacto con ellas. Explico tanto el sentido literal como el espiritual del lenguaje y de todos los libros. Así soy el amigo espiritual, Kalayanmitra Padmasambava.

Estoy en condiciones de dar instrucciones sobre la naturaleza de la virtud y la no virtud. Me pongo el vestido del conocimiento intrínseco. Tengo en mi mano el cuenco de las cinco modalidades del ser iluminado. Soy el abad Padmasambava.

Doy consejo a todos los seres vivos sobre la consecución del equilibrio y el resplandor infinito del nirvana. Permanezco en las meditaciones de las etapas de desarrollo y finalización. Soy el gran practicante Padmasambava.

Doy el mismo consejo tanto para la meditación como para la experiencia posterior a la meditación. El samsara y el nirvana están ambos dentro del mandala de Buda. Para mí las etapas de desarrollo y contemplación son las mismas. Soy el maestro de la visión Padmasambava.

Domino las instrucciones de las etapas de desarrollo y finalización y controlo las esencias roja y blanca. Con mis conocimientos puedo calcular la causa y el efecto kármicos. Veo la relación entre todos los acontecimientos. Soy el yogui Padmasambava.

Tengo la comprensión no dual expresada en las enseñanzas de Buda. A los que sufren las cinco aflicciones les doy el remedio del conocimiento para que se recuperen. Aquellos a los que revivo obtienen de mí el elixir de la instrucción secreta. Yo soy el Gurú de la Medicina Padmasambava.

Muestro claridad y vacuidad sobre la vista opaca de la gente corriente. Soy el artista Padmasambava, y en el suave papel de la mente expreso la integración de la espaciosidad, la conciencia y la claridad sin concepto ni lenguaje. Para ello tengo conmigo instrucciones religiosas sin letras[1]. Así que soy el escriba Padmasambava.

A las personas nacidas en las cuatro direcciones les hago predicciones sobre el futuro. Tengo conocimiento del futuro y puedo revelarlo. Tengo todas las instrucciones religiosas - lo que cualquiera requiera. Como las cinco aflicciones se han convertido en los cinco enemigos, los disuelvo en los cinco conocimientos intrínsecos. Así que soy el mago Padmasambava.

Poseo los medios para alejar las cinco aflicciones. Sin abandonar los placeres de los cinco sentidos, los integro en el camino religioso. Los disfruto con la ayuda de los cinco conocimientos intrínsecos. Así que soy Bon-Po Padmasambava.

Llevo conmigo instrucciones sobre cómo transformar los signos desfavorables en buenos. Pongo a los seres de los seis reinos en el reino de la alegría. Someto a las ocho clases de espíritus, incluidos los dioses locales. Así, soy el Rey Padmasambava.

Tengo instrucciones que disciplinarán a los seres de los tres mundos. Conozco la naturaleza del karma de este mundo. Traigo la paz a los corazones de todos los seres. Así que soy el ministro Padmasambava.

Llevo conmigo las instrucciones para dirigir a los irreligiosos hacia el darma. Trabajo hasta que todos los seres alcancen el nirvana. Trabajo por el nirvana. Sólo veo las Tres Joyas y ninguna otra. Así que soy las Tres Joyas Padmasambava.

Tengo conmigo consejos para alcanzar el nirvana en el momento de la muerte. Trabajo por la felicidad del nirvana. Tengo conmigo instrucciones que pueden acabar con la ilusión y la confusión. Con el arma del amor y la compasión puedo matar la percepción dualista. Soy el héroe Padmasambava.

Tengo conmigo los medios para acabar con las afliciones. Doy tres tipos de regalos: enseño el Darma, doy caridad y apoyo a los afligidos. Establezco a todos los discípulos afortunados en el Darma. Así, soy el viejo Padmasambava.

Llevo la triple armadura de la tolerancia: no considero al enemigo como enemigo, considero el sufrimiento como alegría, y conozco la verdadera naturaleza del Darma y puedo soportarlo. Destruyo la ilusión del sufrimiento. Soy el joven Padmasambava.

Tengo conmigo las enseñanzas que pueden establecer que los cuatro Maras[2] obstructores se conviertan en ilusión. Habito en la ciudadela de las tres meditaciones: tener evaluación e intención en la meditación, tener evaluación pero no intención, no tener intención ni evaluación. Así soy el adolescente Padmasambava.

Tengo conmigo enseñanzas para acabar con todo daño y puedo ver con los ojos de las tres sabidurías: la sabiduría mundana, más allá de la sabiduría mundana y más allá de la gran sabiduría mundana. Bebo la leche de la realidad y del conocimiento intrínseco. Por eso, soy el niño Padmasambava.

Tengo conmigo enseñanzas por las que uno puede sentarse, dormir y meditar, y así obtener la liberación. Todos los seres de los tres reinos son transitorios. He alcanzado el nivel del vidyadara inmortal, por lo que soy Padmasambava inmortal.

Llevo conmigo unas enseñanzas que se llaman instrucciones secretas sobre la práctica de la indestructibilidad. Mi cuerpo no tiene ninguna conexión con los cuatro elementos. Mi cuerpo no ha nacido de carne y hueso, por lo que soy Padmasambava no nacido.

Tengo conmigo las enseñanzas del Mahamudra. Mi cuerpo es el cuerpo vajra indestructible, por lo que no puede envejecer ni ser destruido. Mi bodicitta no tiene principio ni fin, por lo que soy el siempre joven Padmasambava.

Tengo conmigo enseñanzas para acabar con el sufrimiento. Los cuerpos de los jóvenes pueden ser estropeados por la enfermedad. La salud resplandeciente también puede ser destruida por la enfermedad, pero yo soy Padmasambava sin enfermedad alguna.

Tengo conmigo las enseñanzas de la gran completación, el Dzogchen.

Tú, el rey tibetano, estás en un país bárbaro sin ninguna religión. Tienes un cuerpo rojo y tu país está habitado por demonios rakshasa. Eres el rey de este país. Crees que te has hecho muy grande en este mundo. Estás lleno de apego y egocentrismo. Aferrarte a ti mismo como algo realmente existente e importante es la causa de tu nacimiento en este mundo. Tu cuerpo tiene las cinco aflicciones como adornos. Eres el señor del Tíbet, pero estás en una tierra poco virtuosa. Tus sirvientes y la gente común comen carne. Tienes todos los tesoros de la ausencia de virtud. Al verte, no me siento feliz ni alegre.

Tu esposa tiene la apariencia de un ser humano, pero en realidad es una diablesa. Todas las que acompañan a tu esposa son muchachas demoníacas de tez negra y roja. Tienen oro, seda y otros adornos en sus cuerpos pero no dan ninguna sensación de alegría y belleza.

¡Oh Rey! Sólo te sientes feliz porque eres Rey. Cualquiera que se convierta en tu súbdito querrá morir. Eres muy dominante y quieres respeto incluso de mí. No me inclino ante ti.

Sin embargo, como resultado de tus acciones pasadas, he venido aquí al Tíbet Central por tu invitación. ¡Oh, Rey! Ven aquí. No me inclino ante ti, pero me inclino ante una de tus túnicas".

Al decir esto, Padmasambava levantó un dedo de su mano derecha. El poder mágico que irradiaba de su dedo quemó todas las ropas del Rey. Al ver esto, toda la gente se inclinó ante él en señal de respeto.

Padmasambava le dijo al Rey que para limpiar todos los pecados cometidos por su cuerpo, debía construir cinco estupas. El Rey las construyó tal y como se le había ordenado.

Entonces, el primer día del primer mes de la estación de otoño, el rey Trisong Detsen invitó a Padmasambava al monasterio de Samye. Cuando llegó allí, el Mahacharya Padmasambava recibió un asiento de oro a la derecha del Rey. En el lado izquierdo, se le dio un asiento de plata a Acharya Shantarakshita. El Mahacharya Padmasambava se puso una túnica de color marrón. Se le dio comida y bebida y muchas otras ofrendas. También se le dio oro, joyas y otros objetos preciosos. Entonces el Rey le explicó que no podía completar la construcción del Monasterio de Samye:

> "Gurú, manifestación divina, estoy sufriendo muchas dificultades. El pueblo del Tíbet también sufre. Así que, para alejar el sufrimiento, hay que construir un monasterio. Para enseñar el budismo, debe construirse un templo. Por favor, pon los cimientos para construir en esta tierra".

Padmasambava estuvo de acuerdo. Dijo que la tierra del Tíbet se parecía a un demonio rakshasa tumbado en el suelo. Por lo tanto, debía construirse un monasterio de nueve pisos de altura. Sobre las manos y las piernas del demonio rakshasa deberían construirse un total de ciento ocho estupas. En el ombligo del demonio rakshasa debería construirse una estupa. Les dijo que en la aldea de Magro había un rey naga, Magrochen, que debía ser adorado en el borde de la aldea donde se unen los arroyos.

Estas instrucciones aseguraron el establecimiento del darma en el Tíbet.

Notas

[1] Es decir, instrucciones que no pueden hablarse o escribirse.
[2] Las aflicciones, la muerte, el deseo y un ego inflado.

7

Padmasambava: Significativo de admiración

La princesa Mandarava llegó al Tíbet cuando se celebraba una recepción para Padmasambava. Lo elogió con las siguientes palabras:

"¡Oh, Gran Maestro! Cuando enseñas por el bien del mundo te pones un sombrero con cinco picos. Esto indica que se ha alcanzado la iniciación en los cinco kāyas[1], los cinco modos de iluminación, y se dominan plenamente las cinco ramas del conocimiento[2].

El pico en el centro de tu sombrero es azul, que es el signo del conocimiento intrínseco de la hospitalidad infinita (*darmadātujñāna*). En la parte delantera está el pico blanco, el signo del conocimiento intrínseco del espejo (*adarshajñāna*). A la izquierda[3] está el pico amarillo, el signo del conocimiento intrínseco de la uniformidad abierta (*samantajñāna*). Al fondo está el pico rojo, el signo del conocimiento intrínseco del discernimiento (*ratyaveksanajñāna*). A la derecha está el pico verde, signo del conocimiento intrínseco realizador (*krtyanusthanajñāna*)

Por el bien del mundo muestras los signos de las cuatro actividades de pacificación, desarrollo, supresión y destrucción. Tu sombrero tiene imágenes de tres cabezas, una cabeza de calavera, una cabeza seca y una cabeza fresca como señal de que das enseñanzas sin límite. Tu sombrero está adornado con joyas como señal de que eres honrado en los tres reinos[4]. Tiene un vajra dorado unido a él como señal de tu meditación indestructible. Tiene una diadema con símbolos en los cinco colores con borlas unidas a ella, signo de hacer el bien en el mundo con los cinco conocimientos intrínsecos. Su sombrero está decorado con plumas de la garganta de un buitre, signo de la unión de la sabiduría (*prajna*) y los medios hábiles (*upaya*). En la parte superior del sombrero hay una pluma de cola de pavo real, signo de la inseparabilidad de claridad, espaciosidad (*dātu*) y presencia (*vidya*). Lleva símbolos dorados del sol y la luna, señal de que alejas la oscuridad y la ignorancia (*avidya*) del mundo. Se han doblado trozos de piel de ciervo en las esquinas como señal de que empleas el tantra y el sutra para el bien del mundo. Los extremos del sombrero cuelgan hacia abajo como señal de que ves la naturaleza de la realidad.

Padmasambava, cuando se ve tu cuerpo te pareces al Tatagata. Permaneces en incesante meditación profunda (*samadi*). Tu cuerpo es blanco con un matiz rojo, mostrando que estás lleno de felicidad perfecta. Tus ojos están enfocados hacia adelante, signo de estar fundido en el espacio infinito (*darmadātu*). Tu rostro es sonriente y tienes una hermosa dentadura, signo de la culminación de la acción tántrica. Tu voz enseña con los sesenta tonos de Brahma[5], señal de que llevas alegría a todos los seres de los seis mundos[6].

De tu nariz fluyen cinco vientos[7] como señal de que estás completamente libre de toda elaboración conceptual. En tus orejas llevas anillos de oro con campanas como señal de comunicación directa con todos los budas. Tu cabello es negro y está atado como señal de que estás libre de toda perturbación. Te sientas en postura de loto como signo de la culminación de las cinco vías (*marga*) y las diez etapas (*bumi*). Tu mano izquierda sostiene una copa en forma de calavera (*kapala*) como signo del disfrute de los placeres mundanos. En tu mano derecha sostienes un vajra como signo de tu práctica de la vacuidad gozosa (*Ananda śūnyatā*).

En el codo de tu mano izquierda hay un bastón de madera de árbol de agua[8] como signo de que unes y perfeccionas todos los darmas en un solo vehículo (*yana*). En su centro hay un nudo en forma de leviatán (*makara*)[9] como signo de la preservación del darma por las cuatro asambleas[10]. En la parte superior de ese bastón hay un vajra con cinco puntas como signo de la liberación de los cuatro tipos de nacimiento[11]. Tiene nueve cabezas como signo de la meditación en los ocho grandes cementerios. Tiene una cubierta de cinco colores como signo de la integración de la vacuidad y los cinco conocimientos intrínsecos[12]. Lo rodean pequeñas bandas de oro, plata, hierro y cobre como signo del uso del mantra como medio para beneficiar al mundo. Un tridente está fijado a él como signo de tu estabilidad de cuerpo, voz y mente. En la parte superior del tridente hay trazos de tres ojos como signo de ver la apertura de la realidad. De él cuelgan ocho anillos de hierro como signo de la purificación de las ocho conciencias[13].

Sobre tu cuerpo llevas una túnica, signo de la prosperidad que surge de tu práctica. Está adornada con hilos rojos, amarillos, blancos y verdes, signo de la claridad que surge del modo natural de la iluminación (*darmakāya*).

El color de la túnica es azul y está cosida con hilo dorado como signo de la espaciosidad inmutable e infinita (*darmadātu*).

Padmasambava, naciste en la punta de una flor de loto en un lago, lo que es un signo de estar libre de cualquier limitación mundana. El arco iris te rodea en las cuatro direcciones, signo de la disolución de los componentes (*skandas*)[14] y de la consecución de la Budeidad. En tu entorno tienes muchos grandes maestros, señal de tu don de madurar a tus afortunados discípulos. Tu cuerpo ha sido alabado por tener los treinta y dos signos mayores y los ochenta signos menores de un cuerpo de Buda".

Mandarava le preguntó a Padmasambava:

"¿Cómo pueden las personas del futuro que aún no has visto, eliminar su oscuridad mental? ¿Cómo pueden obtener méritos a través de la generosidad? ¿A quién deben ofrecer su servicio? ¿Quién eliminará el dolor del mundo? ¿Quién traerá la felicidad a este mundo? ¿Quién continuará tu sucesión? Por favor, dinos quién vendrá después de ti en el futuro para ayudarnos".

Padmasambava dijo:

"Escucha, diosa que ha asumido forma humana. En el futuro la gente adorará mi imagen y esto eliminará el dolor del mundo.

Haciendo imágenes mías, triunfará el darma vajrayana que muestra los tres modos de iluminación.

Al rendir homenaje a mis imágenes, los deseos de la gente se verán satisfechos como si se tratara de la gema que cumple los deseos.

Al recitarme oraciones frente a mi imagen, se alcanzará el verdadero valor.

Al adorarla con la actividad de sus cinco sentidos, estará asegurado su bienestar.

Al ofrecer a mi imagen agua con medicina, desaparecerán las enfermedades de sus cuerpos y todos los inconvenientes corporales.

Al actuar como sacerdotes hacia mi imagen, se obtendrá la liberación de los fantasmas y de los infiernos y se adquirirán todos los méritos necesarios.

Al construir templos para imágenes mías, nacerán seres sabios.

Al ayudar a hacer imágenes, habrá enseñanza del darma.

Al ofrecer un lugar para la creación de imágenes, se volverán hábiles en los cinco tipos de conocimiento.

Al dar arcilla para la creación de imágenes, aumentará el mérito.

Al ofrecer ropa para mi imagen, obtendrán conocimiento como ornamento para sí mismos.

Al ofrecer un asiento de loto para mi imagen, se obtendrán cojines suaves y hermosos.

Al limpiar el polvo de mi templo, obtendrán una forma hermosa.

Al adorar mi imagen con agua, sus cuerpos estarán limpios y hermosos.

Al ofrecer servicio o adoración a mi imagen, se lograrán milagros.

Al adorarla con lámparas, serán inteligentes y desaparecerá la oscuridad de la ignorancia.

Al adorar mi imagen con joyas, desaparecerá la pobreza y serán ricos.

Al adorarla con incienso, serán fragantes.

Si la adoran con medicinas, desaparecerán las enfermedades y serán inmortales.

Al ofrecer las cinco sustancias preciosas[15] a mi imagen, se desvanecerá su pena.

Al ofrecer agua para limpiarla, se establecerán lugares puros.

Al ofrecer alimentos, se desvanecerá el hambre y llegará el placer.

Al ofrecer verdura, se limpiarán y se alcanzará la pureza.

Al ofrecer leche y mantequilla, entrarán en los reinos del deseo.

Al ofrecer miel y azúcar, obtendrán todo lo que desean.

Al ofrecer objetos visuales, su mérito aumentará.

Al ofrecer riqueza, se obtendrán ropas y adornos.

Al ofrecer un gong, tendrán una voz dulce.

Al ofrecer pequeños gongs, serán poderosos.

Al ofrecer postraciones, obtendrán la liberación en esta vida.

Al aplicar el color dorado a mi imagen, se convertirán en príncipes.

Al aplicar el color plata a mi imagen, se convertirán en reinas.

Al aplicar el color de la laca a mi imagen, nacerá para ellos el caballo más hermoso.

Al aplicar el color cobre a mi imagen, se convertirán en ministros del gobierno.

Al aplicar el color rojo a mi imagen, se conseguirán joyas.

Al ofrecer la savia de los árboles, obtendrán la rueda del emperador universal.

Al ofrecer siete joyas, podrán ver el modo de deleite de la iluminación, sambogakāya.

Al escribir y leer la historia de mi vida, comprenderán plenamente el significado del espacio y la conciencia infinitos.

Al instalar imágenes, desaparecerán la guerra, la enfermedad, la calamidad y demás. Las imágenes de Padmasambava enviarán luz.

Para el beneficio de las generaciones futuras, estas imágenes son como la joya que cumple los deseos.

Aquellos que son como mis hijos deberían rezarme. Deben circunvalar mi imagen con un corazón puro. Si me rezan, se verán libres del dolor causado por los fantasmas y vivirán con placer.

Los que son pobres deben rezarme. Obtendrán riquezas.

Aquellos cuyos deseos no se han cumplido deben rezarme, porque entonces se cumplirán sus deseos".

Notas

[1] Los cinco kayas (*sKu-lNga*) son darmakaya, sambogakaya, nirmanakaya vajrakaya y abisambodikaya.
[2] Las artes, la gramática, la medicina, la lógica y el darma.
[3] La izquierda y la derecha son como aparecen a un observador que mira de frente.
[4] Los reinos del deseo, la forma y la ausencia de forma.
[5] Se dice que Brahma tiene una voz cuyos tonos traen a la existencia múltiples mundos.
[6] Los mundos de los dioses, los dioses celosos, los humanos, los animales, los espíritus hambrientos y los seres de los infiernos.
[7] Los vientos que controlan la deglución, la respiración, la digestión, la excreción y la energía.
[8] La madera del árbol del agua es una madera sin centro y puede referirse al bambú o al plátano, pero en este caso se refiere a la palmera negra (Borassus flabellifer) que es muy dura y no absorbente, a pesar de tener un centro blando.
[9] Este monstruo marino puede tragarse cualquier cosa y es un símbolo de la vacuidad.
[10] Monjes, arhats, monjas y hombres y mujeres laicos.
[11] Vientre, huevo, calor y humedad, y milagro.
[12] Véase la descripción en el apartado 3 de este capítulo.

[13] De la vista, el oído, el olfato, el tacto, el gusto, la mentación, la mentación afligida, la base de todo.
[14] Forma, sentimientos, percepción, suposiciones y tendencias, y conciencia.
[15] Oro, plata, turquesa, coral y perla.

8

Las predicciones de Padmasambava

Padmasambava dispuso que las doctrinas tesoro (*gTer*) se ocultaran para que pudieran ser reveladas más tarde, cuando aumentaran los malos signos y las calamidades del Kali Yuga, la era actual oscura y degenerada.

"Con respecto a las ocasiones en que los tesoros serán revelados por los reveladores de tesoros designados, Tertons (*gTer-sTon*), aparecerán en el momento de la calamidad y en el momento del derrocamiento de los Reyes, cuando los súbditos se vuelven infelices y el país decae.

Debido a la ira, se produce la guerra. Debido al deseo, el país se enfrenta a tiempos malos. Debido a la estupidez extrema, aparece la enfermedad. Todo el mundo se vuelve infeliz. En ese momento aparecerá un maestro que enseñará sobre mantras, rituales, astrología y medicina. Estas enseñanzas serán reveladas desde un tesoro oculto y se utilizarán cuando sea necesario".

Por ejemplo:

"En Lato, en el Tíbet occidental, nacerá un Tertón cuando haya calamidades y enfermedades.

En la frontera del Tíbet y Nepal, nacerá un Tertón cuando los hombres sean quemados en los bosques.

En Kenke, en Lendo, nacerá un Tertón cuando haya peleas dentro del templo en los años del perro y del pájaro.

En Manyul, nacerá un Tertón cuando el cielo se vuelva rojo y caigan gotas de lluvia roja durante dieciocho meses provocando sequía.

En Shot Shun, nacerá un Tertón cuando mueran muchas personas y no haya lugar para enterrarlas".

Padmasambava hizo las siguientes predicciones sobre las malas señales que surgirían:

"En el Tíbet, debido a la guerra emprendida por los mongoles, algunas partes del Tíbet quedarán bajo la ocupación mongola. La gente empezará a ponerse una armadura de hierro.

Entre dos sectas habrá disputas y la religión se enfrentará al cisma.

El viento arrancará el techo del templo construido por Tri Ratna y entrarán en el templo los rayos del sol.

El pueblo Tai Ching tomará la capital de China. El budismo del Tíbet prosperará y el prestigio del gobierno tibetano aumentará.

En ese momento el pueblo tibetano se armará y el trono pasará a manos del pueblo.

En el Alto Tíbet, las tiendas desaparecerán con el viento. En ese momento en el Tíbet habrá tres sectas (Ñingma, Kagyu, Sakya). El budismo se extenderá a través de las enseñanzas de Buda y de las enseñanzas de los tesoros revelados.

Los religiosos promulgarán las aflicciones (estupidez, enfado, deseo, celos, orgullo). A través de la difusión del darma falso, se destruirá el budismo.

Se construirán fortalezas en todos los lugares de peregrinación. En Lasa, en la cima de la colina roja, habrá un templo (Potala). El lago cercano a la colina roja se secará y se llenará de arena.

Diciendo: "*Soy la encarnación de Padmasambava*", la gente practicará un darma falso.

Los habitantes del sur del Tíbet tendrán que abandonar su país. Los laicos recurren a la magia. Los que practican sadanas tántricas también practican la magia. Cuando los seres humanos mueran, habrá ofrendas de libros. Cuando la gente se traslade de un pueblo a otro tendrá que ir en grupo.

El Tíbet se romperá en pedazos y los lugares de peregrinación serán propiedad de muchos grupos. El rey de Purang exigirá oro al Tíbet[1].

El pueblo tibetano comenzará a traducir textos indios incluso sin ir a la India. Los mejores eruditos del Tíbet serán llevados a Mongolia. Dentro del Tíbet habrá oscuridad y en otros países habrá luz. El darma tibetano y la fortuna se hundirán.

La secta Sakyapa llegará al Tíbet con soldados mongoles.

Cuando suene el tambor de guerra, la gente tirará sus tesoros, incluido el oro.

Dentro del templo, las ofrendas para los dioses se entregarán a los caballos. El pueblo de Zho-Long arderá con fuego. En la aldea de Pal-Trog, se utilizarán mosquetes.

En la aldea de Silne, surgirá un árbol con forma de hombre. En el pueblo de Manda, aparecerá piedra para hacer espejos.

Los reyes comenzarán a alimentar al pueblo mongol. El pueblo mongol hará de un monje mayor un general.

Sakya y Ting estropearán su poder al final debido a la prolongada lucha.

De día en día los tiempos se volverán más problemáticos. Algunos yoguis se convertirán en abades y, yendo a las aldeas, darán la iniciación y ocultarán a las chicas. Como resultado de las disputas, se causan muertes indirectas.

Hará su aparición un budismo falso. El mal aparecerá como religión. Se fabricará una medicina falsa que acortará la vida. La nueva astrología estará llena de errores.

La religión del Tíbet se convertirá en una especie de deporte. Los laicos también predicarán. Los laicos dirán que no hay diferencia entre un yogui y un laico. La gente no relacionada con la religión empezará a predicar.

Surgirán las cinco no-confianzas[2]. Todos se volverán indignos de confianza. Aparecerán muchas enfermedades y la gente desechará su vestimenta local.

En el Tíbet, la gente llevará nuevos tipos de ropa. Practicarán diferentes formas de religión. En los monasterios se estropearán todas las imágenes.

En el pueblo Sakya, nacerá un ciervo y debido a la mala suerte ese ciervo vendrá a matar a los seres humanos.

Como resultado de las peleas, los yoguis morirán y será destruida la estupa de piedra cercana al monasterio de Samye, construida en la época de Padmasambava.

Incluso sin practicar los rituales de meditación, la gente afirmará ser practicante de tantra. Muchos afirmarán tener logros. Incluso sin haber recibido la iniciación uno mismo, se ofrecerá la iniciación a otros.

En el Tíbet Central, la gente se unirá y entonces los Sakya y los mongoles tendrán miedo. El mal y los demonios reinarán de forma suprema.

Nacerá un rey pecador. Phag-Mo, como rey, conquistará el Tíbet central y oriental y construirá ciento ocho fortalezas.

Los mongoles y los Sakya lucharán entre sí y los muertos serán enterrados en las aldeas Bi y Tsang. Vendrán extranjeros, Phagmo y Drigung lucharán junto con los extranjeros y se dividirán las aldeas Bi y Tsang. Los cráneos humanos serán sacados del interior de la estupa por perros[3].

Ken y Tong de la aldea Tsang lucharán entre ellos. Después soldados ocuparán Relong y Tsulong.

Nacerá un hombre. Traerá soldados extranjeros al Tíbet. Introducirá la lucha entre amigos.

Prevalecerá la religión falsa. El prestigio de los hombres y los dioses disminuirá en el Tíbet.

En la colina de la aldea de Karak, habrá una estricta vigilancia entre la gente.

En la aldea de Ngagmat, se construirá un fuerte. Ciento dieciséis oficiales militares se reunirán en Tsalong.

En Yanlong, habrá un acantonamiento militar. En Tangtok morirán dos tipos de militares.

En Genphu, llegarán los soldados de Phagmo Drupa (*Phag-Mo Gru-Pa*). En la provincia de Toklong, vendrán los mismos militares y se ocuparán todos los lugares.

En Phagningshe, se construirá un fuerte. En Ladak, habrá un festival de veneno. En el Tíbet, los indios Kamaripa y Vimala vendrán a adorar las imágenes de Buda en Lasa.

La gente del pueblo se refugiará en las colinas y habrá calamidades.

En el Tíbet central, habrá un festival y el templo de Hepun se incendiará.

El mundo estará lleno de problemas. No habrá paz.

Al igual que el sol brilla después de la lluvia, aparecerá un gran hombre en forma de Tertón, y tomando ter (tesoro) hará el bien al mundo. En una década sólo aparecerá un Tertón. Algunas veces aparecerán grandes Tertones, otras veces aparecerán pequeños".

Padmasambava contó las indicaciones sobre la conveniencia de revelar el tesoro.

"Las personas justas cometerán pecados.

La gente lleva mantas negras hechas de cola de yak.

El exterior de los monasterios está cercado por soldados.

Los retiros se queman con fuego.

La gente comercia con los dichos y libros de Buda.

La gente utiliza los libros del darma para pagar una compensación por haber golpeado a la gente.

Los yoguis trabajan como soldados y se ponen armaduras de hierro, mientras que los grandes santos se convierten en generales.

Los Bikshus son asesinados.

Se preparan campos de batalla en lugares de peregrinación.

Todos los lugares de retiro se convierten en ciudades.

Los tántricos se pelean entre ellos.

Se pone veneno en la comida para matar a la gente.

El jefe no cumple sus palabras.

El héroe parece un deportista.

Todo el Tíbet se dividirá como fragmentos de una armadura de hierro.

Padre e hijo se pelearán entre ellos.

Los parientes se golpean entre sí.

Se adora a los fantasmas y a los espíritus.

Los ladrones rondan los caminos y arrebatan las cosas de los demás.

Los espíritus malignos entran en el cuerpo de los hombres.

Los Rakshasa (demonios caníbales) entran en el cuerpo de las mujeres.

Los fantasmas invitados entrarán en el cuerpo de los niños.

Todos los seres estarán bajo el poder de los demonios (mara).

Todos los ocho grupos de espíritus como deva (dioses mundanos) y rakshasa (demonios caníbales) lucharán entre sí. Por estas razones la gente sufrirá de enfermedades.

En ese momento ocurrirán tres cosas:

Será imposible conservar los minerales dentro de la tierra.

Los tesoros del Tri Ratna (Buda, Darma y Sanga) no podrán ser guardados. El darma se estropeará y los devotos no podrán hacer nada.

Sin hacer su propia práctica, la gente dará instrucciones a otros".

Después de la muerte de la hija de la reina, Padmasambava informó al rey Trisong Detsen sobre estos acontecimientos futuros.

"Este gran monasterio construido por el Rey será destruido.

El Rey morirá en el sexagésimo año de la vaca. Al final los mongoles vendrán al Tíbet. El budismo tendrá vicisitudes y el Tíbet sufrirá de vez en cuando".

El Rey preguntó:

"¿Quién va a tomar este trono?"

Padmasambava le dijo:

"Después de que hayan transcurrido ciento veinte años, las reglas del rey Chinkun serán observadas en el Tíbet. Al final los Chinkun se pelearán entre ellos y vendrán los chinos. Desde el país manchú, la encarnación de Manjushri gobernará durante algún tiempo. Como en Sadia, los chinos vendrán a cavar la tierra. En el Yarlong habrá una encarnación de Vajrapani. En el año de la vaca los mongoles vendrán de nuevo al Tíbet. Todo el Tíbet oriental será conquistado por ellos.

Si digo mucho, te sentirás triste. Si las dieciséis ciudades son destruidas, habrá algo de paz. Cuatro demonios buta destruirán el palacio chino. La vida del pueblo será insegura. La propiedad no será rastreada. Los mongoles entrarán en el Tíbet. Dieciocho generaciones sobrevivirán.

El rey morirá en el quincuagésimo año del tigre y sufrirá mucho".

Entonces el rey pidió que se le dijera más.

"Después de dos generaciones, las virtudes del pueblo tibetano llegarán a su fin. Langdarma (*gLang-Dar-Ma*) aparecerá como un animal. Otro vendrá con cabeza de mono. Matarán a la gente grande, expulsarán a la gente pequeña y destruirán el budismo.

Las personas virtuosas serán asesinadas y todo el monasterio será profanado. Las virtudes de la gente se echarán a perder. La gente se entregará al vicio. Las leyes del Rey[4] desaparecerán dejando el caos. Los propios hijos asesinarán a sus padres. Esto se llama Kali Yuga, la edad oscura.

Lhalung Palgyi Dorje derrotará a Langdarma. Langdarma gobernará durante un año y un mes. En ese momento el Bodisattva Lhalung Palgyi Dorje lanzará una flecha para preservar el budismo.

La dinastía de Srongtsen Gampo (*Srong-bTsan sGam-Po*) irá a Ladak y después de ocho generaciones en Nari (en Ladak). En el pueblo de Purang, habrá tres hijos en la familia real.

Se destruirán los monasterios. Las palomas profanarán los monasterios construidos por Srongtsen Gampo y otros.

En Mongolia, Srikunta será el rey. En el año del perro de hierro habrá una lluvia de armas y las emanaciones de tulku lama tendrán que abandonar el Tíbet. En el Tíbet central, los mongoles ocuparán y darán órdenes.

Se destruirá la ley mongola. Después de ciento veinte años las leyes Chinkun prevalecerán. Pero durante la dinastía Tsang los chinos llegarán a su fin.

En el año del perro de hierro, los mongoles vendrán al Tíbet y en el año del caballo de agua, huirán. En el año del fuego y la vaca, la gente sufrirá. En el año del cordero, los mongoles volverán pero habrá una terrible destrucción. La vida de la gente será como un meteoro. La gente no tendrá prosperidad y recogerá malas cosechas.

La guerra lo estropeará todo y habrá un mar de sangre".

Las causas del sufrimiento se describen entonces a continuación:

"Mara hizo una aspiración en el momento de la victoria de Buda de que todo llegaría a sus manos, las de Mara, después del tiempo de Buda. Esa aspiración se hizo en presencia de Buda. Debido a esta aspiración, al final del tiempo de Buda los buta (demonios) entrarán en las mentes de las personas virtuosas y el darma de Buda llegará a su fin.

El Tíbet está en el Himalaya. Había un espíritu llamado Megan Dempo. Su familia sobrevivió en el Tíbet. Su padre se llamaba Rinchen. Reunió sus posesiones en una bolsa hecha de cuero. En el año del hierro y del tigre, nacerá un hijo en esa familia. Él engañará y aumentará el sufrimiento en el país.

En los años de la rata, el dragón y el mono, los soldados chinos vendrán al Tíbet. En los años del agua y del mono, en la aldea de Yanlong habrá una reunión y se dispararán balas de cañón. En el año del conejo, toda la zona se echará a perder. En el sur habrá campamentos chinos. Todos los tibetanos de Mongolia sufrirán mucho. Se destruirá el monasterio de Lungche Go y abundarán las personas de mal carácter".

Seleccionado y traducido por C.R. Lama

Notas

[1] Este era el oro que se había recogido para invitar a Atisha desde la India.

[2] La esposa no confía en su propio marido; el yogui no cumple sus promesas; la gente pierde la confianza; el padre y el hijo no confían el uno en el otro; el maestro y el discípulo no confían el uno en el otro.

[3] Un cráneo pertenecía a Acharya Shantarakshita. Anteriormente había sido enterrado bajo una estupa y más tarde la estupa se rompió en pedazos y los perros sacaron su cráneo.

[4] Las leyes del rey Srongtsen Gampo (*Srong-bTsan sGam-Po*).

9

Extractos de prólogos

Yoga del Gurú Lhadrub, 1981

La gente dice que tiene un Gurú raíz, algún Lama en particular que es así y así, con tales y tales cualidades. Algunos dicen que su Gurú raíz es un Gurú conocido, mientras que otros dicen que su Gurú raíz es un joven Lama que parece muy agradable. Un Gurú viejo también es un Gurú y un Gurú joven también es un Gurú, si es que son Gurús.

En sánscrito, la palabra "Gurú" tiene dos significados: maestro religioso cualificado y carne de vacuno. En ambos casos la idea es de pesadez. La carne de vacuno es una comida pesada con muchas vitaminas y después de comerla uno se siente adormecido. Un Gurú cualificado también es pesado, con muchas buenas cualidades. En cualquier caso, el Gurú es importante, pero depende del propio discípulo desarrollar una fe muy fuerte y creer realmente en su Gurú. Si uno practica así, se obtendrán resultados.

Hace tres días conocí a alguien que me dijo que había recibido una determinada iniciación de un Lama. Pero sé que esto era imposible, ya que esa práctica pertenece a una secta y el Gurú a otra, y este Gurú me consta que sólo practica las enseñanzas de su propia secta. De este modo, los que no tienen un verdadero Gurú se engañan a sí mismos y engañan a los demás.

En estos tiempos los Gurús deben practicar según sus propios textos religiosos y seguir las órdenes de su propio Gurú realizando el trabajo que se les indique. No digo esto para los altos Gurús sino para los que son similares a mí. Yo no me llamo a mí mismo Gurú, pero algunos me creen uno.

Las cinco sectas del Tíbet requieren una Puya del Gurú; los Gelug se centran en Tsongkhapa, los Sakya en Sakya Pandita, los Kagyu en Naropa o Marpa, los Bonpo en Tonpa Shenrab y los Ñingma en Padmasambava. Sin embargo, me parece que aunque las palabras sean diferentes, las prácticas y las ideas son las mismas. Algunos de estos sistemas muestran al Gurú en la forma en que apareció en el Tíbet cuando se hizo una imagen o una pintura mientras estaba vivo. No tenemos una imagen exacta de Buda Shakyamuni. No sólo eso, sino que en algunos sistemas de práctica el Gurú tiene la forma de Lama Chemchog Heruka o Tara o Naljorma.

En otros sistemas el Gurú tiene la forma de Kuntuzangpo o Dorje Chang o Dorje Cho. Estos son tres nombres para la integración de Darmakāya, Sambogakāya y Nirmanakāya. Kuntuzangpo o Samantabadra es la forma Darmakāya. Dorje Chang o Vajradara es la forma Sambogakāya. Dorje Cho o Vajradarma es la forma Nirmanakāya. Estas formas son métodos para expresar las cualidades de Buda, son sinónimos de sus cualidades. Kuntuzangpo significa siempre bueno, Dorje Chang significa siempre tener poder tántrico y Dorje Cho significa que el darma natural es indestructible.

A veces decimos Gurú, o Lopon (*sLob-dPon*) que significa maestro, el que nos explica lo que no conocemos. A veces decimos Pachig (*Pa-gCig*) que significa padre, pues al igual que un padre da su riqueza a su hijo, el Gurú da iniciaciones y profundas enseñanzas secretas a sus discípulos. El Gurú a veces llama al discípulo Thukse (*Thugs-Sras*) hijo del corazón, o Lobu (*sLob-Bu*) hijo discípulo. El Gurú y el discípulo trabajan juntos, por un lado está la compasión y por el otro la fe firme. La compasión es como un anzuelo y la fe del discípulo le da algo a lo que agarrarse, pero tienen que unirse para ser eficaces.

Si uno practica el Yoga del Gurú con una mente unidireccional, con fe, y canta con una buena melodía, entonces su voz conmoverá las mentes de otras personas y las llevará a entrar en el Budadarma. Yo digo que todos deberían practicar el Yoga del Gurú una vez al día. Si cada día es necesario comer, ¿por qué no es necesario también decir oraciones?

Aquellos yoguis de mente inmutable, aquellos con fe y creencia reales, pueden hacer la práctica de la Puya del Gurú con sus Gurús en cualquier forma, ya sea monje o tantrika o santo o forma muy ordinaria. Pueden meditar en su Gurú tal y como está en su cuerpo de carne ordinario. Pero ahora, en este Período Negro, todo ser sensible tiene una mente cambiante y no es puro. Tal vez tengan fe hoy, pero mañana ya no la tienen, o tienen dudas. Por esta razón debemos meditar en nuestros Gurús en forma de Budas, Bodisatvas, Dioses de los Deseos, Padmasambava, etc. Practicar utilizando las formas de los Gurús que vinieron en tiempos pasados es quizás necesario hoy en día, ya que, al haber fallecido, no pueden decir cosas difíciles de entender para el discípulo.

Por último, digo que no basta con hablar del Gurú raíz: la oración y la fe son importantes.

Khandro Thugtig, 1978

En el actual período negro, las personas que creemos en Buda y Padmasambava somos muy pocas. Tenemos una gran fe en las predicciones de Padmasambava, hechas cuando estaba en el Tíbet y escritas en esa época por Yeshe Tsogyal y demás. Éstas fueron reveladas y escritas más tarde por los tertones, grandes reveladores de tesoros, sin estar mezcladas con ninguna falsedad (sólo los verdaderos tertones encarnados pudieron encontrarlas).

En esta época en el Tíbet, la tierra de las nieves donde Padmasambava enseñó el darma y dio la iniciación en tibetano, se han destruido las maneras de exhibición externa de la práctica religiosa artificial. Nos sentimos muy tristes de que el budismo en el Tíbet haya decaído hasta este estado de cosas. El verdadero darma es indestructible y no se ve afectado por las acciones de aquellos en el período negro actual que tienen una fachada de amabilidad pero están vacíos por dentro, como los árboles de plátano y bambú. Sólo debaten y no meditan.

Cuando recibimos las iniciaciones decimos que siempre mantendremos nuestros votos, pero sabemos que mantener todos nuestros votos no es fácil.

Breve explicación del refugio y de la bodichita, 1979

Yo y otros maestros tibetanos debemos tener cuidado al dar refugio, votos de bodichita, iniciaciones y votos tántricos. Aquellos que los dan deben tener toda la práctica de la enseñanza y las cualidades necesarias y mantener sus votos plenamente. Es necesario que expliquen con claridad a quienes los reciben qué es exactamente lo que se les está dando y qué compromisos y responsabilidades están asumiendo. Por ejemplo, si un hombre está enfermo y necesita un tratamiento y, sin embargo, él mismo no es consciente de su estado, el médico debe tener cuidado de explicarle los hechos y los beneficios del tratamiento para que el enfermo esté libre de toda sospecha de que la medicina pueda ser en realidad un veneno.

Recopilación de textos sobre Chod, 1978

Todo viene de la naturaleza de śūnyatā y vuelve a esa naturaleza. El símbolo de Śūnyatā es el cero. En el exterior no hay ninguna esquina y en el interior hay un agujero sin esquina. Este darmadātu śūnyatā es en todas partes igual, en todas partes claro, en todas partes comprensión precisa, en todas partes realiza todas las actividades sin obstáculos.

Esta naturaleza es śūnyatā. A veces decimos darmadātu, darmatā, darmakāya y darmadātujñāna, pero de todos modos, si deseas alguna palabra símbolo entonces es A (अ). Este es el símbolo de la gran madre de todos los Jinas, Gyalwa'i Yum Chenmo. Su naturaleza es śūnyatā y todos los seres femeninos también tienen esa naturaleza de śūnyatā (Pero no decimos que śūnyatā signifique vacío y sin ideales como en la visión común de las mujeres que se tenía en tiempos anteriores. Por cada cien madres, al menos noventa serán iguales en su actitud hacia sus hijos, ya sean varones o hembras, primeros o últimos. Pero por los que son débiles sentirán aún más compasión).

Desde la posición del sutra la Madre es śūnyatā o tongpa nyid (*sTong-Pa-Nyid*). Esa śūnyatā tiene dos aspectos, externo e interno, *Phyi sTong-Pa-Nyid* y *Nang sTong-Pa-Nyid*. O puede considerarse como dieciocho o como veintiún śūnyatās.

Lo que se discute aquí es sólo śūnyatā. Para esto podemos decir sólo śūnyatā o cero, y esto es tal vez difícil para aquellos que no son tan inteligentes.

Ahora hablamos de Chod (*gCod*) que significa cortar. Para entender esto tenemos que pensar claramente lo siguiente. ¿Qué hay que cortar? ¿Cortarte a ti o cortarme a mí? Si te corto a ti es pecado y si corto mi propio cuerpo también es pecado. Pero en realidad lo que hay que cortar es mi ego. ¿Por qué? Porque desde el principio el ego me ha causado demasiados problemas. Este ego malo me ha arrojado a veces a los infiernos, a veces entre fantasmas insaciables y así sucesivamente. ¿De dónde viene el ego? Viene de la ignorancia. La ignorancia me hace y me mantiene estúpido y debido a esto digo sujeto y objeto, yo y tú, yo soy bueno y tú eres malo, me quiero y te odio. Es mi ego el que sostiene que mi cuerpo es sustancialmente real y entonces va aferrándose a través de mis ojos de carne. Entonces si veo algo bueno hay deseo, si algo malo entonces enfado, y si algo mejor que yo entonces envidia y así sucesivamente. Lo mismo ocurre con el oído, la lengua, la nariz y las sensaciones corporales. Por eso debo cortar mi ego. Es muy malo y molesto, pero no se puede ver con el ojo de la carne. Debe ser cortado y terminado.

Esta enseñanza también trata de las grandes dificultades que conlleva conseguir un precioso nacimiento humano. Es muy difícil de conseguir y sin embargo con él uno puede moverse fácilmente, ya sea hacia arriba con buenas acciones o hacia abajo debido al pecado. Arriba y abajo, dando vueltas y más vueltas, como en una noria de feria, pero existe la posibilidad de liberarse.

Luego sigue el refugio, la bodichita y la realización de las ofrendas externas e internas y, a continuación, la ofrenda más interna del propio cuerpo. Después se visualiza a Machig Labdron con todo su círculo, todos los Gurús, todos los Devas y todas las Dakinis, y todos los Gurús del linaje a su alrededor. Se les reza para que nos bendigan cortando la raíz del egoísmo. A continuación, se produce la transferencia de la mente (*Pho-Ba*) por la cual la mente de uno va a un lugar muy bueno, fundiéndose en la mente de Machig.

Entonces uno transforma su cuerpo en amrita, o néctar de los dioses, para las cuatro clases de invitados: 1) los Budas y Bodisatvas, 2) los que tienen buenas cualidades, los Señores con poder situados por debajo del primer grupo, 3) todos los seres de los seis reinos, 4) todos los acreedores de uno. Al ofrecer al primer grupo, los Budas se sienten satisfechos. Al ofrecer al segundo grupo se obtienen más cualidades. Ofreciendo al tercer grupo se terminan todos los pecados. Ofreciendo al cuarto grupo se pagan todas las deudas.

Luego el cuerpo se convierte en joyas, etc., y éstas se ofrecen a los dioses de los cielos samsáricos. También se corta el cuerpo y se ofrece como una gran masa de carne, sangre y huesos, y se ofrece a todos los dioses y demonios locales a los que les gustan estas cosas. Luego los restos se entregan a todos los seres débiles y discapacitados y así se eliminan todos sus problemas. Luego esta práctica concluye con la dedicación del mérito.

Machig Labdron fue una gran meditadora y podría ser llamada la Nagarjuna tibetana. Nagarjuna enseñó śūnyatā pero *ella* enseñó a separar nuestras mentes del ego. Se quedó en Zangri Karmar, una montaña roja cerca del río Bramaputra a unos 800 kilómetros al este del monasterio de Samye. Cuando fui allí y vi la estupa que contiene sus restos, tuve un gran sentimiento que se movía en mi mente. También recordé que mi primera encarnación, Drophan Lingpa, era el hijo de Machig, Gyalwa Dondrub.

Por la virtud de hacer esta traducción nos gustaría que todos los seres tuvieran sus mentes liberadas del egoísmo y así llegaran a ser iguales. Nos gustaría que todos los seres obtuvieran la plena iluminación y que todo el samsara se vaciara por completo.

Durante la realización de esta traducción hicimos muchas oraciones, por lo que quizás esté libre de errores, pero si hay alguno debido a la estupidez y la ignorancia y, por tanto, nuestros votos se han perdido, entonces pedimos a los protectores de Chod, los Zangri Punyi que nos disculpen.

Pero si estos protectores de Chod no nos disculpan entonces también me río de ellos. El bien y el mal, todo está dentro de śūnyatā. También hago esta traducción para difundir el darma en el mundo. Si ustedes, los protectores del darma, dicen que este darma no debe ser difundido en el mundo, entonces les digo que son celosos y herméticos. Las enseñanzas del darma y las enseñanzas terma son para todos los seres, no sólo para un área en particular. Si no hay virtud aquí entonces lo disolvemos en śūnyatā.

10

Enseñanzas breves

1 Permanece en el punto de presencia

La cuestión principal de toda la enseñanza Dzogchen es que todo está vacío. Vacuidad, o śūnyatā, es la base de toda la experiencia. Se utilizan muchas palabras diferentes para describirla, pero siempre es lo mismo. Cualquier cosa que oigamos, o veamos, o toquemos, u olamos, o sintamos, o pensemos es simplemente vacuidad, que es a la vez vacía y radiante. Reconocer que todo eso son manifestaciones de la base vacía, se para nuestro aferramiento a ello como si fueran verdaderamente reales.

Si tienes un cuerpo, entonces tienes ojos y orejas. Cuando mueres, los ojos y las orejas no funcionan más pero la mente todavía está presente. Cuando estoy vivo, soy el Sr. A, pero cuando muero, el cuerpo muerto es el Sr. A. La mente siempre tiene la misma naturaleza, es vacía y abierta, suceda lo que suceda.

Lo que viene a la mente surge debido a la misma razón. Por ejemplo, lo que yo veo está ya filtrado. Yo digo "*Este es mi amigo, o mi enemigo*", "*Es bueno o malo*". De manera similar, a través del oído, digo que el sonido es dulce o no. Lo que oímos evoca muchas ideas diferentes, quizás con deseo, quizás con enfado.

En ese momento no busques pensamientos futuros y no vayas tras pensamientos pasados, simplemente quédate en el medio. Por ejemplo, si repentinamente piensas "*Yo quiero que muera mi enemigo*", no intentes cambiar este pensamiento "malo" por un pensamiento "bueno". Simplemente déjalo ahí. No te aferres a ningún movimiento que venga a la mente, simplemente permanece en el punto de presencia y deja que el movimiento haga lo que sea. Esto es *Rig-Pa Rang-Grol*, la presencia autoliberadora. La presencia se libera naturalmente por sí misma en el Darmakāya. Nunca se prende, nunca se atrapa.

Primer pensamiento, no pares

Siguiente pensamiento, no lo esperes

Mantén el punto medio

Mantén siempre la naturaleza original

Todos los Jinas lo hacen así.

(Tres meses antes de que muriera, el hijo de Dudjom Lingpa escribió esto para C.R. Lama)

2 Naturaleza vacía

Si ves todas las cosas claramente con el conocimiento de que su naturaleza es vacía, entonces siempre estarás feliz. Sin embargo, si conoces las buenas cualidades de algo, por ejemplo tu casa, pero no sabes que está vacía de auto-naturaleza inherente, entonces te pondrás muy triste si se quema. Si la pareja que amas muere, hay tristeza; pero si conoces la naturaleza vacía de todos los fenómenos, entonces estarás feliz. La apariencia y la vacuidad están naturalmente juntos y en su unión hay mucho gozo.

El espacio infinito que ofrece la hospitalidad que todo lo abarca, Darmadātu, es como una pelota sin división o final. No ha sido hecha por nadie, ni los Budas ni nosotros mismos. No tiene principio ni final y es sin diferenciación. Nada está separado de ello, y es la profundidad y la expansión de la sabiduría. Está libre de dar y tomar, permitido y no permitido, y en ello todo surge libre de aferramiento. Es grande desde el mismo principio, puro y completo. Nuestra propia mente, nuestra presencia, es inseparable de esta gran extensión vacía y como el cielo. No somos una cosa que pueda ser aferrada y no tenemos necesidad de aferrarnos.

Nuestra presencia es pura desde el mismo principio, inseparable del Darmadātu, libre de centro o frontera. Sin artificio y sin principio o final, es la profundidad del conocimiento intrínseco, libre de aceptar o rechazar, es la gran naturaleza que se manifiesta por sí misma, libre de aferramiento. Primordialmente completa y pura, es el reino de la pureza natural. Ofrecemos esto continuamente en la situación de la claridad que surge sin esfuerzo.

3. Tu propia presencia es el rey

Tu propia presencia (*Rang-Rig*) es como un rey. ¿Por qué? Si reconoces la naturaleza de tu mente, es la fuente y la base, la etapa o situación original, y luego todo surge libre por sí mismo, tanto lo que tomamos como objeto como lo que tomamos como sujeto. Por tanto, la mente es lo esencial. Es el rey.

La apertura o vacuidad (*śūnyatā, sTong-Pa-Nyid*) es como el cielo, está por todos lados. Es nuestra naturaleza básica. Está libre de conceptos interpretativos (*sPros-Bral*) simple y directa. No tiene sesgo o postura o punto de vista limitado (*Phyogs-Ris-Med*). La vacuidad es la naturaleza el espacio que todo lo abarca (*Darmadātu*) y esta profundidad y extensión es ilimitada en todas las direcciones. No se puede encontrar en ningún lado; no tiene origen y nunca se desvanece (*'Ong-gNas-'Gro-Med*), presencia abierta inmutable que no se afecta por nada que ocurra.

Para obtener un resultado, hay que esforzarse pero esto depende del karma y la capacidad. Necesitamos un gancho que nos permita mantener el objeto de nuestra práctica hasta que se vuelva estable y la situación natural se revele.

Los resultados kármicos ordinarios proporcionan una intención que es como un gancho de plomo, se dobla fácilmente.

Si se añade esfuerzo se vuelve un gancho de cobre.

Si se practica Darma de acuerdo con tu propia idea pero sin un Gurú es como un gancho de plata.

Si tienes fe y esfuerzo, y un buen Gurú que tiene poder y compasión, entonces es como un gancho de acero.

El verdadero Darma es precisamente la vacuidad, su naturaleza original. Tomar refugio en él nunca te conducirá a problemas pero no entender la vacuidad puede llevarte a confusión en la práctica del Darma.

4. Espacio

La budeidad o Bodi, o iluminación, es despertar a tu pureza natural. Bodichita es el desarrollo de esta experiencia, desarrollando presencia de la budeidad primordial de todos los seres. Esto también ofrece espacio a otros que permite que su propia iluminación natural florezca y resplandezca.

El océano tiene gran profundidad y quietud y también un movimiento vasto – ningún aspecto daña al otro. El cielo es vasto y vacío y en él muchas cosas se mueven. La mente es vasta y vacía y en ella muchos pensamientos se mueven. Estos movimientos no causan daño o problemas a menos que se tomen como algo real y separado por sí mismos.

5 Bodi

El Sambogakāya es el Bodi reflejado, es glorioso y bello. No es el Bodi en sí puesto que el Bodi no tiene forma. El Sambogakāya es el reflejo vacío y brillante del Darmakāya que es la vacuidad en sí, inseparable de la presencia. El Darmadātu es la base del Darmakāya. Dātu, espacio, es como el oro en bruto – potencial infinito. El Darmakāya, nuestro modo iluminado natural es como una estatua hecha de oro – de la apertura inmóvil surge como un único punto. Esto pone fin a toda la confusión de la dualidad.

6 Ocasionar el resultado

Tres factores causales operan para ocasionar el resultado. Son la causa raíz, el soporte y la causa secundaria o circunstancias. De ellos viene el resultado. Por ejemplo, las hojas de té, el azúcar y la leche son la causa. La tetera es el soporte. El fuego es la causa secundaria. El té es el resultado. O, en la tejeduría, el hilo es la causa principal, el telar es el soporte, la habilidad del tejedor es la causa secundaria, y la tela es el resultado. O en el asesinato, la estupidez y el enfado son la causa, un enemigo es el soporte, la navaja la causa secundaria, y matar es el resultado.

El objeto de tus deseos es lo que quieres, lo que es importante para ti, en lo que centras tu atención. Para ver se necesitan objetos, cosas que sean visibles. Para oír se necesitan objetos, cosas que sean audibles. Para tocar se necesitan objetos, cosas que sean tangibles. Para saborear se necesitan objetos, cosas que se puedan saborear. Para oler se necesitan objetos, cosas que se puedan oler. Para meditar se necesitan objetos, cosas que puedan ser percibidas por la mente.

Hay un objeto al que se atiende (*Yul*) y un sujeto que presta atención (*Yul-Can*). La relación entre ellos es de atención. Cuando trabajamos tiene que haber una base con la que trabajar y de la que proceder. La base es a lo que se atiende. Si no hay base, no hay crecimiento, no hay fruto. El objeto (*Bya-Yul*) es con lo que tú, el agente (*Byed-Pa-Po*) trabajas (*Bya-Ba*). En el samsara el sujeto siempre está en una relación dualista con un objeto. El sujeto aparece al relacionarse con el objeto. Son inseparables. En la práctica de la verdad relativa trabajamos para alterar la relación entre sujeto y objeto. En la verdad absoluta no hay objeto, no hay sujeto y no hay relación entre ellos.

7 Descripciones

Describir es también crear. *Kun-Tu brTag-Pa* significa identificar un objeto, diciendo "*Es esto*", "*Es aquello*". Ambos vemos y pensamos, "*Es esto*", "*Es aquello*". Cuando estamos totalmente comprometidos (*Yongs-Grub*) con esto, entonces lo que vemos al confiar en nuestro ojo corporal parecen cosas que son completas por sí mismas, entidades autoexistentes. Por ejemplo, podemos decir de un diseño que tiene tres esquinas, es azul y bonito. Parece que vemos sus cualidades como si existieran por sí mismas, ahí fuera. También podemos decir cosas que las imágenes en los sueños. Esta capacidad de describir puede ser aprovechada tanto por la presencia (*Rig-Pa*) como por la ignorancia (*Ma-Rig-Pa*). Cuando experimentamos nuestra descripción como inseparable de la vacuidad, es la energía o creatividad de la presencia (*Rig-Pa'i-rTsal*). Cuando nos aferramos a lo que describimos y lo tomamos como si existiera por sí mismo, esto es la ignorancia de la identificación (*Kun-Tu-BrTag-Pa'i Ma-Rig-Pa*).

8 Signos

Confiamos en signos al buscar sentido de nuestra experiencia. La base del signo (*mTshan-gZhi*) es la base para construir el significado; es el objeto o el sustrato sobre el que construimos. Esto es aferrado con el signo (*mTshan-Ma*) que es como la fuerza de la tierra, su forma y sus cualidades. Sobre esta base tenemos la identificación (*mTshan-Nyid*). Esto es como los materiales con los que se hacen las pareces y puertas y tejado de una casa. Esto es lo que lo hace una casa. Si estuviese hecho de tela sería una tienda de campaña, puesto que la identificación define las particularidades de lo que hay. Cuando se hace práctica a nivel físico, la persona que practica gana cualidades (*mTshan-bCas*), por ejemplo a través del control de la respiración (*rTsa-rLung*). Con la experiencia directa, no descansando en el cuerpo, hay presencia más allá de la identificación de las cualidades (*mTsan-Med*) como en el Dzogchen. Con *mTshan-bCas* hay un modelo que puede seguirse y sabes que es correcto al comparar y contrastar. Con *mTshan-Med* no hay modelo. La experiencia es única. Es como si alguien hace algo que parece completamente extraño y desconocido; no puede ser entendido al comparar y contrastar, sino solo directamente con la claridad de la situación natural.

9 Aferramiento

El aferramiento (*bDag-'Dzin*) es un enemigo puesto que nos causa problemas. El aferramiento se aferra a entidades que él mismo crea y sostiene. Es una actividad engañada y engañosa que surge de la cosificación que malinterpreta la naturaleza ilusoria de los fenómenos. El aferramiento no es un pensamiento ni es un objeto y, sin embargo, puede contaminar y confundir tanto pensamientos como objetos. Este ego que se aferra, el sentido del yo, mí, yo mismo, debe ser matado por la mente misma, puesto que la naturaleza de la mente es libre de aferramiento. Se "mata" al relajar, al abrirse a la fuente espaciosa de la mente, al liberar la energía invertida en aferrarse de manera que el aferramiento se disuelva en el espacio, como la neblina matutina en el cielo. Después de romper el poder del aferramiento, los pensamientos siguen surgiendo, pero al romper el poder de los pensamientos al ver uno su naturaleza verdadera subyacente, el aferramiento se acaba.

10 Conducta Gurú-discípulo

Del mismo modo que un hombre viejo debe hacer muchas cosas y ofrecer muchos regalos para ganar a una chica joven que tiene muchas características atractivas, tradicionalmente el discípulo debe hacer muchas cosas para agradar al Gurú que es el recipiente de todas las buenas cualidades. Y el Gurú siempre actúa como si no estuviera complacido o satisfecho. Para los estudiantes más estúpidos, actuará como si nunca estuviera satisfecho y siempre los oprimirá al estilo de un pastor con su rebaño.

11 Gurú y fe

El objeto "externo" es puro y vacío de auto naturaleza inherente. El objeto "interno" también es puro. Al descansar en el punto medio, tu presencia se volverá pura por no confiar en la interpretación artificial. Esta es la enseñanza central de Padmasambava en *LE'U DUN MA*. Sin embargo, debes tener fe en el Gurú porque si no, podrías recitar estos versos durante 100.000 años y no obtener ningún resultado. Las dudas son muy peligrosas. El Gurú puede ser pobre o estúpido mientras que otra gente puede ser muy rica, pero el Gurú tiene el gran tesoro del Darma y el Sambogakāya. El hombre rico no puede salvarte, pero el Gurú sí y puedes obtener la iluminación. Incluso si tú mismo te vuelves rico eso no puede salvarte. Tienes que pensar: *"Este mundo es un lugar muy difícil por lo que debo liberarme de él y solo el Gurú puede salvarme"*.

Algunos tibetanos dicen que Padmasambava sabe más que los Gurús de hoy día por lo que él es más importante, pero esto no es así porque podemos ver fácilmente al Gurú pero no a Padmasambava. Si tenemos fe en que el Gurú no es diferente de Padmasambava y que vendrá y nos salvará, entonces obtendremos el resultado. También Padmasambava, sin fe, es un hombre muy normal con muchas esposas. La fe es lo más importante. Dudjon Rimpoché es un representante muy alto de Padmasambava. A quien crees más es tu Gurú raíz.

Si a alguien se le conoce como un tertón revelador de tesoros, entonces le preguntaríamos: *"¿Tienes La-Grub?"*, *"¿Tienes Dzogchen?"*, *"¿Tienes Thugs-Grub?"*. Si estos tres tipos de textos están presentes en su tesoro, entonces este tertón es un terchén (*gTer-Chen*), un revelador de grandes tesoros. Si solo dos de ellos, entonces es un Tertring (*gTer-'Bring*), un tertón normal.

Gya-Shang-Trom, un pastor de vacas, encontró una terma (*gTer-Ma*) bajo una roca. Se la enseñó a su tío, Snag-Bo, que se volvió su patrocinador (*Chos-bDag*). Shang-Bo la lanzó al agua pero retornó. Luego la puso en el fuego pero no se dañó. Luego la puso en una vasija de barro pero brillaba y rompió la vasija. Un día Gya-Shang-Trom estaba durmiendo y soñó que chicas pastoras de vacas estaban bailando alrededor de él y un hombre con un sombrero grande vino y le golpeó. Cuando se levantó podía leer y escribir, y posteriormente escribió tres grandes volúmenes. Cuando envejeció tuvo discípulos pastores de vacas. Estos no podían leer o estudiar así que durante siete días él hizo la práctica del powa (*'Pho-Ba*) y los envió a todos al Nirvana, y entonces murió. Tres años más tarde su tío murió.

12 Historia sobre devoción

Había una vez un gran Gurú famoso que tenía muchos discípulos. Llegaban estudiantes de todos lados para estudiar con él y se quedaban durante meses o años, y luego se iban a practicar en cuevas o se volvían maestros. Sin embargo, este maestro tenía un estudiante que nunca parecía progresar. Siempre se sentaba delante y miraba con atención y devoción al maestro. Escuchaba cada enseñanza; oía una y otra vez, pero parecía no entender nada.

Tras muchos años el maestro decidió que no le podía ayudar y le pidió que se marchara. Sin embargo, el discípulo exhibió tal desesperación con la idea de marcharse que el Gurú decidió intentar una última práctica.

Le dio a este estudiante un mala de recitación hecho de grandes cuentas de rudraksha y le dijo que tenía que ir a un retiro cerrado muy estricto. Solo tenía que hacer una sencilla práctica – recitar un mantra que decía: *"Hung. ¡Saluden todos el cuerno de mi cabeza!"*

Pasaron los años y muchos estudiantes nuevos vinieron, y la gente paró de hablar del estudiante que estaba en retiro. El Gurú estaba envejeciendo y de repente se volvió muy enfermo. Llamaron a los doctores; intentaron muchas medicinas pero nada ayudaba. Sus estudiantes más cercanos intentaron muchas prácticas pero no hicieron nada. Estaba claro que el Gurú iba a morir. Se envió un mensaje a todos sus estudiantes de que debían reunirse para ver al maestro una última vez.

Alguien recordó al estudiante en su cueva aislada y le envió un mensaje. Cuando escuchó cuál era el estado de su maestro corrió tan rápido como pudo por los caminos de las altas montañas. Parecía un loco cuando llegó, sus ropas andrajosas cayéndosele. Tenía ojos salvajes, una barba larga, una montaña de pelo enmarañado enredado encima de su cabeza. Cuando llegó delante de su maestro hizo varias postraciones completas y rápidas, y al hacerlo su pelo se deslió cayó revelando un enorme cuerno que había crecido en lo alto de su cabeza. Cuando se inclinó delante de su maestro, su maestro tocó el cuerno e inmediatamente empezó a retornar la salud de su maestro.

La devoción es el corazón de la práctica.

13 Cómo conseguir bendición

Debes esforzarte por conseguir bendiciones de la manera en que un niño dice: *"Mamá, ¡dame un helado!"* y entonces llora y acosa a la madre tirando de ella hasta que se lo da. Si realmente creemos, la bendición vendrá. Debemos pensar: *"Realmente confío en ti así que, ¿por qué no me das la bendición? ¡Por qué no me la muestras!"*

Primero, debemos ganar el conocimiento intrínseco del espacio que todo lo abarca, Darmadātuyana, de lo contrario los otros cuatro son solo nombres. Quien consiga esta sabiduría del espacio que todo lo abarca, Darmadātuyana, automáticamente consigue las otras cuatro. La sabiduría como el espejo que muestra todas las cosas claramente, surge de la purificación del enfado. La sabiduría de la ecuanimidad que, al no tener sesgo o preferencia, muestra que todas las cosas son iguales, y surge de la purificación del orgullo. La sabiduría del discernimiento que muestra todos los detalles de cualquier cosa que ocurre, tanto pecados como virtudes, surge de la purificación del deseo. La sabiduría del logro total que muestra todos los métodos con pleno poder de actuar, surge de la purificación de los celos.

La sabiduría del espacio que todo lo abarca tiene pleno poder; como cuando el sol brilla sobre una montaña su luz va en todas direcciones. Pero si el sol brilla solamente sobre un lado de la montaña, su poder es limitado. De manera similar, cada una de las otras cuatro sabidurías pueden ejecutar funciones particulares.

Cuando surgen estas sabidurías las aflicciones se desvanecen. Estas sabidurías no te apartan de la vida, no bloquean la capacidad de respuesta sino que proporcionan sin esfuerzo muchas maneras efectivas de conectar. Por ejemplo, si bebes agua fría cuando tienes calor volverás a tener calor muy pronto, pero si bebes té caliente, tiene un efecto refrescante y te enfriará durante más tiempo. En la esfera del Darmadātu no hay posiciones relativas. ¿Qué encontramos ahí? Su habitante natural es Darmatā, la actualidad que nunca cambia o hace nada. Es similar al cielo, que siempre es igual. Del Darmadātu viene el Darmakāya. El Darmadātu es como un lugar. Darmatā es su naturaleza. Darmakāya es su forma o presencia ahí.

Es vital experimentar el Darmadātu de manera que cuando mueras o estés inconsciente reconozcas el Darmakāya y así no vayas por el camino equivocado. Entonces obtendrás el Sambogakāya y el Nirmanakāya. Sin el Sambogakāya, el Nirmanakāya no puede surgir. No puede aparecer directamente desde el Darmakāya.

14 Votos

¿Por qué tomamos votos? En el sistema Hinayana los votos son como un objeto hecho de barro: si se rompen no pueden repararse. Los votos Mahayana son como el cobre: si se rompen se pueden reparar un poco. Los votos Vajrayana son como el oro: si se rompen no se daña el oro.

Dam-Thig, o *samaya*, o promesas solemnes, se hacen para ganar la iluminación, lo que significa reconocer la propia naturaleza original. En el Dzogchen el voto es la naturaleza original puesto que la práctica es no dual. El voto es *Ngo-Bo*, nuestra situación natural o *Rang-bZhin*, nuestra cualidad natural. Residir en la propia situación es la consecuencia de todos los votos. Una mujer toma votos en el matrimonio de permanecer siempre con su marido y servirle – esto cubre todas sus actividades posteriores de cocinar, criar a los niños y demás. De manera similar, todos las ofrecimientos y prácticas son parte del voto, pues el voto es ver y residir en nuestra situación original.

15 Fe plena

Al relajarse y abrirse a y en la claridad natural de nuestra mente, el objeto se desvanece y el sujeto se desvanece. El primer pensamiento es nuestro pensamiento presente, es el único pensamiento. Por ejemplo, si surge un pensamiento del tipo *"Debo hacer esto"*, no lo continúes. Déjalo como está. No necesita ser llevado a cabo. No intentes pararlo o desarrollarlo. No lo examines o te involucres. Si se deja solo se liberará en su propio lugar.

El océano siempre tiene olas. En la mente siempre hay pensamientos. Es la vacuidad del océano lo que permite que se muevan las olas. Paran de moverse cuando alcanzan la playa. Del mismo modo, la naturaleza de la mente es abierta como el cielo. No pongas un límite, no bloquees el movimiento. No es posible mantener la mente quieta, mantenerla en un único lugar, porque siempre se está moviendo. Si intentas sostener tu mente te estás aferrando a un recuerdo, pues el pensamiento o sentimiento o experiencia ya se ha ido. Ese recuerdo es un pensamiento diferente del que lo está recordando, y ha de colocarlo ahí una y otra vez. Cada repetición es diferente; ningún momento es exactamente el mismo que otros. No es posible sostener el cielo, pues el cielo en sí es infinito e inaprensible y sus contenidos, las nubes y el viento y todo eso, están siempre cambiando. Del mismo modo, la mente es abierta y vacía. No es posible fijarla en su propio lugar. Simplemente déjala en su propio lugar que es donde siempre está, entonces los pensamientos van libres. Al seguir pensamientos se estimulan más pensamientos y por tanto eso nunca cesa.

Para despertarte a esto necesitas fe plena en tu Gurú y en Padmasambava. Rezamos "Debes hacer todo lo que sea necesario para mí. Me abro plenamente a ti. Quiero ser como tú. Debes darme el conocimiento de mi propia naturaleza". Reza lentamente entendiendo las palabras, con el deseo de ganar sabiduría y de estar libre de la confusión de los pensamientos. Padmasambava es el Buda real. No es diferente del Buda y tiene el mismo poder, cualidades y demás. Por tanto, se le llama Orgyen Sangye Nyima (*O-rGyan Sangs-rGyas gNyis-Pa*), el segundo Buda que viene de Orgyan. Algunos textos antiguos se refieren a él como Sangye Mi Nyipa (*Sangs-rGyas Mi-gNyis-Pa*), es decir, no diferente (*gNyis-Su-Med*), el que no es diferente del Buda.

16 Las piedras negras y blancas

Geshe Potowa (*dGe-Shes Po-To-Ba*) solía practicar la meditación con una pila de piedras blancas y una pila de piedras negras delante de él. Cogía una piedra blanca si tenía un pensamiento bueno y una piedra negra si tenía un pensamiento malo. Al principio, solo tenía una piedra blanca y muchas piedras negras. Después de seis meses, las cantidades eran iguales. Después de dos años no tenía ya ninguna piedra negra.

Le preguntó a Atisha si esto era suficiente. Atisha le dijo que debería seguir practicando hasta que no tuviera ningún tipo de piedra; tenía que liberarse de la percepción de la dualidad, de distinguir entre bueno y malo. Atisha dijo: "*Ahora has parado de cometer pecados pero no has parado el karma del pasado. Debes practicar śūnyatā, vacuidad*". Y le enseñó esto. Primero le mostró que todos los objetos están vacíos y él obtuvo el resultado. Luego le mostró que el sujeto está vacío y con esto terminó todos sus pecados y obscurecimientos. Atisha le dijo: "*Ahora incluso si te atamos con cadenas y pesos, y te lanzamos al infierno, no te quedarías allí*".

Parar los pecados es una parte de la práctica pero debes obtener śūnyatā para parar realmente los pecados y ganar la iluminación. Solamente entenderás el karma de verdad cuando consigas śūnyatā. Cuando cometemos pecados creamos mal karma. Esto surge debido a las aflicciones, cuya raíz es la ignorancia. La ignorancia es la oscuridad de la que viene el deseo, el orgullo y demás. Cuando conoces śūnyatā entonces la sabiduría resplandece y todos los pecados se paran. Con śūnyatā ves que el sujeto es impermanente y por tanto cortas el egoísmo.

17 Purificar nuestras malas acciones

La raíz de todos los problemas es la ignorancia. Es la fuente del egoísmo y debido a esto, el deseo, enfado y demás surgen. Es la única raíz y es lo opuesto de la presencia, del conocimiento intrínseco y el discernimiento sabio. Tanto si me vuelvo un Buda como si voy al infierno, la presencia nunca cambia. Siempre es clara, siembre buena, nunca se mezcla. La ignorancia estúpida nos tapa esa sabiduría como un cuenco colocado sobre una lámpara. Es necesario romper el cuenco para que la luz permanente resplandezca.

En las primeras etapas de la práctica necesitamos decir: "*Perdóneme*". Necesitamos que alguien nos limpie; este es el primer factor de purificación. Necesitamos decir: "*Perdón*" al hombre que tiene el poder de purificar nuestros pecados. Este es Vajrasatva. Todos los Budas tienen el poder de ayudar, entonces ¿por qué se emplea a Vajrasatva especialmente para purificar nuestros pensamientos? Todos los estudiantes cuando se están formando tienen una idea principal, como en medicina o en ingeniería. De forma similar, cuando los grandes Bodisatvas estaban formándose, pensaron en diferentes maneras de ayudar a los seres. En ese momento Vajrasatva tomó la firme intención de liberar a todos los seres de sus pecados.

¿Por qué decimos "*Perdón*"? Eso es cómo reconocemos que hemos hecho cosas malas; este es el segundo factor de purificación. Sabemos que estas acciones eran pecados, por ejemplo robar. Esto causa problemas a otros y significa que yo también tendré problemas. Debes pensar que te estás muriendo por el pecado como si hubieras tomado veneno. Con este entendimiento desarrollas un gran temor; este es el tercer factor de purificación.

Entonces debes prometer y decidir firmemente que en el futuro nunca lo volverás a hacer. Este voto o promesa es el cuarto factor de purificación.

Con estos cuatro factores separamos nuestra mente de nuestro hábito egoísta. Ahora podemos apreciar cómo estos hábitos parece que son "yo", y también vemos que en realidad no son "yo". Cuando nos identificamos con nuestras suposiciones y hábitos parece que son "nosotros". Sin embargo cuando nos separamos de ellos vemos que no son "nosotros". Esta confusión es lo que le pedimos a Vajrasatva que limpie de nosotros.

Un estudiante de la primera encarnación de Dudjon Rimpoché era un carnicero y mientras estaba lavando el estómago de animales muertos creía que todos los pecados se estaban limpiando. Después de practicar esto se quedó en una cueva en retiro y luego voló al cielo. También se dice que cuando fue a por enseñanzas se le enseñó que todo es una ilusión, gyuma (*sGyu-Ma*), pero él lo oyó como si todo fuesen salchichas hechas con intestinos, gyuma (*rGyu-Ma*). Así que a través de la atención unidireccional a su práctica diaria de hacer salchichas, ¡se iluminó!

18 La base

Las apariencias engañosas (*'Khrul-sNang*) del sujeto y el objeto surgen de la base (*gZhi*). Son confusas porque bajo su poder creemos que algo es así cuando no lo es. Entonces, al sentirnos en casa en esa confusión, parece que simplemente las cosas son así y creemos que eso nos clarifica en vez de confundirnos. Con la interacción de sujeto y objeto, la base misma no se reconoce. Cuando la base se reconoce este poder termina. No son diferentes de la base.

Por ejemplo, si nuestra naturaleza base es la Habitación 8 de un edificio, la confusión (*'Khrul-Pa*) es que no nos guste la Habitación 8. Debido a esto no podemos realmente ver la Habitación 8 tal como es, sino solo de acuerdo con nuestro prejuicio. Al ver la Habitación 8 verdaderamente tal como es, nos despertamos de nuestro encantamiento. En esa liberación vemos que esa confusión, nuestra creencia sobre la Habitación 8, no era diferente de la base, el potencial abierto y espacioso que es la realidad de la Habitación 8. Quedarse en la Habitación 8 es la base, que no nos guste la Habitación 8 y por tanto fantasear que estás en otro lado, es la confusión. Pero en realidad la Habitación 8 está bien en sí misma por lo que debemos despertar a la Habitación 8 en sí tal cual es. Por tanto, la confusión es no dual con la base. Surge de manera natural, es una forma natural, vacía de autoexistencia inherente. Lo que le da poder a la confusión es nuestra creencia en ella.

Al tomar la confusión como un obstáculo, como algo diferente de la base que tiene que ser eliminado, uno no ha cambiado realmente de la posición de creer que la confusión es existir verdaderamente por sí mismo. Al reconocer la actividad de la confusión como si fuera un sueño, nos despertamos *por la realidad inmediata de la base*. Entonces la confusión es autoliberadora; no hay que adherirse a ella ni evitarla.

Por ejemplo, si una niña china fuera adoptada por padres europeos y criada en Europa la niña un día despertará al hecho de que estos no eran sus padres biológicos. Sobre esta base ella se volverá lo que siempre había sido, china. O, otro ejemplo, sobre la base de vivir en un país donde hay muchas serpientes, si al pasear en una noche oscura, ves una cuerda y piensas que es una serpiente, surgen muchos miedos. Si luego sacas tu linterna y alumbras la serpiente, sobre la base de ver que en realidad es una cuerda, te despiertas de estos miedos.

De la base viene el encantamiento, por tanto el encantamiento debe despertarse, o disolverse, o desvanecerse *en* la base. En el sueño podrías despertarte del inconsciente dentro de un sueño, pero esto es todavía una forma de inconsciente y todavía estarías confundido. Es necesario despertar *en* la consciencia libre de toda inconsciencia, o sea, en presencia. Un príncipe se vuelve un rey *por* sus padres, es decir, es sobre la base de tener unos padres reales que el príncipe tiene derecho a ser un rey. Si un ladrón roba dinero *tiene* dinero pero la situación es inestable porque el dinero realmente no le pertenece. Pero si un hombre hereda dinero de su padre, este dinero es realmente suyo sobre la base del padre. Es *por* el hecho de que su padre sea su padre que él tiene el dinero. Es *por* el hecho de nuestra fuente, nuestra base, que nosotros despertamos. Lo que verdaderamente es nuestro surge por, y de, y en, la base. Es nuestra, es nosotros, pero no como una posesión personal, privada o separada.

No tiene que ver con desarrollar algo nuevo. Para el despertar fundamental no se requiere toda la rica creatividad de nuestra imaginación. Imaginar nuevas posibilidades y desarrollar nuevas tecnologías no nos conducirá a la iluminación. La iluminación es el despertar al potencial de la base. No es algo nuevo. No puede ser comprado, o hecho. Siempre está presente como la base de cada experiencia.

19 Darmatā

Quien conoce, la presencia en sí misma, nuestra propia presencia, no hace ni fabrica nada, sino que permanece verdadera a su propia naturaleza sin ser artificial. Incluso los grandes eruditos no son capaces de construirla. Cuando nos distraemos podemos caer bajo el poder de varias tendencias como un desamparado a la deriva (*'Bying-Ba*) y hundiéndose (*'Thibs-Pa*). Al estar a la deriva (*'Bying-Ba*), como un nadador cansado que no le queda energía pero que continúa avanzando por la fuerza de las olas, el meditador no tiene energía para mantener la claridad y la dirección, y se mueve de acá para allá por las olas de los pensamientos, sentimientos y demás. Al estar hundiéndose (*'Thibs-Pa*), las fuerzas abrumadoras se vuelven más fuertes, incrementando la propia confusión desamparada. Aun así, la mente en sí nunca se atrapa en la prisión de estas experiencias, por tanto permanece presente en el conocedor y cualquier cosa que surja se liberará por sí misma sin ayudar o causar daño.

Darmatā es infinita como el cielo. Es la actualidad de nuestra propia naturaleza. Es nuestra base y por tanto se describe como la madre. Nuestra mente ordinaria que se ha mezclado con la confusión necesita reconocer la madre y unirse a ella de nuevo como un hijo que retorna a casa. Si se experimenta esto, no caeremos bajo el poder de la distracción perezosa y no nos perderemos, y permaneceremos en la casa del Darmadātu. Si haces esto, tendrás plena presencia, estará integrado en el Darmadātu y, por tanto, podrás trabajar continuamente por el beneficio de los demás.

Debemos entender Darmatā o actualidad, claramente. Es cruda y desnuda (*rJen-Pa*), sin secretos, nuestra naturaleza directa original. Es vacuidad, śūnyatā, talidad, Tatata, Sugatagarba, Tatatagarba, la base de todos los Budas. Si entiendes esto, todo lo que puede ser visto o experimentado es conocido inmediata y directamente (*sNang-Rig*). Con esto hay gran claridad inseparable de vacuidad (*gSal-sTong*).

Cuando uno despierta a esto, tu cuerpo y tu mundo son como un arcoíris. Si ves śūnyatā directamente no tendrás pecados ni obscurecimientos – Cuando el sol se eleva, toda la oscuridad y el frío inmediatamente desaparecen. Se acaban la carne, la sangre y los huesos, y se gana el cuerpo de luz (*'Ja-'Od Thig-Le'i-Khams*).

Este término también indica que cuando entendemos Darmatā, se ven delante de nuestros ojos esferas de luz (*Thig-Le*). Al principio son blancas y negras, y luego cuatro o cinco vienen una detrás de otra en fila, o como un pétalo de flor de loto, alejándose y acercándose al ojo.

Este término también indica que todo lo que hay en el Darmadātu tiene la forma de esferas de luz. Esto es irradiación sin sustancia; apariencia, claridad y presencia inseparables de vacuidad. Con la sabiduría de la presencia que todo lo abarca, las otras cuatro están presentes automáticamente pues son sus cualidades – del mismo modo que cuando uno anda bajo el sol, la sombra está allí automática e inmediatamente.

De esta luz de arcoíris se manifiestan los símbolos de las deidades de meditación, por ejemplo el vajra y la campana para Dorje Dragpo Tsal, y el vajra para Dorje Zhonu, y uno manifiesta un pleno despertar con los cinco modos kayā de un ser iluminado, y las cinco sabidurías jñāna. De esta manera ganamos, o despertamos, a la plena naturaleza primordialmente pura, original y vacía.

20 Nuestra verdadera naturaleza

Nuestra verdadera naturaleza (*Ngo-Bo*) es profundidad no nacida. Es presencia inseparable del espacio y la profundidad (*dātu*) que es vacuidad. Es esencial centrarte en esto, tu propia naturaleza. Es el espacio infinito de presencia en tu propio corazón donde la presencia emerge como un punto. Este es el punto del corazón (*sNying-Thig*); en el corazón hay un punto vacío que es la forma de la vacuidad, de śūnyatā. Este es el lugar de la presencia. Si la sangre lo bloquea, uno muere.

Desde este punto, la claridad natural (*Rang-bZhin*), la cualidad inherente de nuestra propia naturaleza, irradia como una esfera de cinco colores dentro del corazón. Con esto nuestra energía o compasión (*Thugs-rJe*) emerge como el despliegue de las actividades de los componentes o skandas, potenciales o dātus, etc., como una forma de luz en un mundo de formas de luz. Nuestra presencia (*vidya*) es simplemente conocimiento, puro conocimiento. *Ngo-Bo, Rang-bZhing* y *Thugs-rJe* son sus modos de conocimiento, su objeto (*dātu*) no dual y todo lo que aparece en el espacio de dātu.

La liberación se encuentra en reconocer y mantener nuestra verdadera naturaleza (*Ngo-Bo*), y no dejarse seducir por la magnificencia del auto-despliegue (*Rang-bZhin*). Mientras se descanse en lo que surja, no hay seguridad. El lugar seguro de Vajradara (*rDo-rJe 'Chang-Gi-b Tsan-Sa*) es Darmadātu. Esta es la experiencia directa o conocimiento de la apertura infinita al ser. Todas las identidades relativas, ya sean como seres de los infiernos o heruka, son manifestaciones de la co-originación dependiente (*rTen-Ching Brel-Bar 'Byung-Ba*) y por tanto no son definitivas. No son la situación natural incambiable. Si se experimente nuestra verdadera naturaleza (*Ngo-Bo*), no se necesita rechazar ni un átomo de necesidad que surja porque uno ve que todo es radiación no dual.

Pero si esto no se logra, hay aferramiento a las entidades y se produce karma, y uno se encuentra vagando por los seis reinos. La conducta de uno se vuelve artificial y llena de inventiva (*bCos-bCas bZo-Byed*). Al interferir con lo que ocurre, la mente se mantiene ocupada y es incapaz de descansar en su propio lugar (*Rang-Sar Ma-bZhag-Pa*). Por tanto, debido a la cosificación y a la visión dualista uno experimenta fijación y polarización, involucración en sujeto y objeto, y actividad kármica.

21 Atiyoga y Adiyoga

La gran perfección o completación, Dzogpachempo (*rDzogs-Pa Chen-Po*), se conoce también como Atiyoga o Adiyoga. Ati significa culminante, lo más elevado. Adi significa primordial, principal, antes de que la mente se volviera falsa. Esta enseñanza se presenta en tres secciones o grupos. Está la sección de la mente (*Sems-sDe*). Esta señala que todo es la mente, la mente lo hace todo, no hay nada más. Todo es vacuidad pero es la mente la que hace surgir todo. Incluso la vacuidad, śūnyatā, se conoce por la mente. La sección del espacio (*kLong-dDe*) señala que todo es śūnyatā, profundidad infinita y extensión. kLong es la amplitud en la que todo es vacuidad. Es el espacio infinito en sí. La sección de la instrucción (*Man-Ngag-sDe*) ofrece las enseñanzas de la sección de la mente y el espacio de una forma que puedan ser practicadas.

22 Vairocana y Sri Sinha

Vairocana había recibido muchas enseñanzas de Sri Sinha pero él todavía no estaba satisfecho, así que Sri Sinha dijo:

> *"Aunque la hospitalidad infinita nunca se agota,*
> *si conoces la verdadera naturaleza de una sola cosa*

tendrás conocimiento completo de todas.

Yo, Sri Sinha te prometo esto".

Sri Sinha le está diciendo a Vairocana: tú no estás satisfecho pero el Darmadātu nunca se termina por lo que ¿cómo alcanzarás pleno conocimiento? ¿Cómo podrías seguir los pasos de cada enseñanza? Pero si conoces la naturaleza de una sola cosa, si conoces su realidad, su talidad, su Tatata directamente, eso es suficiente. Prometo que no hay nada más que esto. Esto señala al hecho de que el resultado aparece naturalmente, se revela por sí (*'Bras-Bu Rang-Chas-Su sTon-Pa*). No hay final a la búsqueda si miras en el lugar equivocado. No mires al objeto. No mires al contenido actual del sujeto. Mira al observador. Al ser el observador, entra en la situación de la presencia no dual y todo se vuelve claro.

23 C.R. Lama en su trono

La atención plena es el camino medio. Tener atención plena es estar presente, no ir a la izquierda o la derecha, no saltar hacia delante o caerse hacia detrás. Por ejemplo, cuando yo era joven y vivía en mi monasterio me sentaba en un trono como el de los otros lamas elevados, aunque yo no sabía mucho en ese tiempo. Al final de los rituales públicos, los patrocinadores y otras personas se acercaban al frente a presentar pañuelos ceremoniales y ofrendas. Cuando alguien me presentaba un pañuelo yo tenía que inclinarme hacia delante y colgarlo alrededor del cuello del patrocinador. Sin embargo, no todos los patrocinadores me ofrecían un pañuelo. Tenía que estar preparado para inclinarme hacia delante si me ofrecían uno y quedarme quieto si no me lo ofrecían. Si me inclinaba hacia delante cuando no se me ofrecía o me quedaba quieto cuando se me ofrecía uno, mi maestro que estaba sentado a mi lado, me golpeaba en la parte de atrás de la cabeza. De esa manera se me entrenó en atención plena.

24 El Rey intenta ayudar a su gente

Es muy importante para los seres humanos no malgastar su tiempo con pereza. Sin embargo, también es importante no malgastar tu vida con actividad inútil o improductiva. Por ejemplo, cuando el Rey Srongtsen Gampo se convirtió al Budismo, se inspiró mucho por la preciosa visión de amor y compasión que aprendió. Observó a su gente alrededor de él y vio que cada uno era muy diferente. Algunos estaban enfermos y algunos estaban sanos. Algunos eran hermosos y algunos eran feos. Algunos eran ricos y algunos eran pobres. Se dio cuenta de que incluso como un gran rey él no podría alterar la salud o la belleza de la gente a través de una ley, sin embargo sí podría cambiar sus circunstancias financieras. Así, publicó un edicto declarando que al final del mes toda la riqueza del país se debía reunir.

Se creó una gran montaña de posesiones y se redistribuyó justamente entre toda la gente del Tíbet. "¡Ah!", pensó, *"ahora mi gente debería ser feliz"*. Sin embargo, tras un año se dio cuenta de nuevo de que algunas personas eran ricas y algunas personas eran pobres, por lo que preparó otra redistribución. Al final de aquel año, de nuevo vio que algunos eran ricos y algunos eran pobres. Esto despertó en él un entendimiento directo del poder del karma. Lo que surge manifiesta la energía y la consecuencia de acciones llevadas a cabo hace tiempo. A pesar de sus intentos de imponer justicia, los patrones individuales del karma de la gente les llevaban a experimentar precisamente lo que les tocaba vivir en el mundo.

Si queremos ayudar a la gente, el enfoque clave tiene que ser ayudarles a cortar la raíz de la dualidad porque es esta raíz la que genera todas las numerosas tendencias e impulsos kármicos. Intentar alterar los patrones de comportamiento desde fuera está condenado al fracaso. Esta es la razón por la que debemos reconocer y trabajar con las circunstancias y la capacidad precisa de los diferentes individuos.

25 El Dorje y la Campana

La palabra tibetana para campana pequeña es *Dril-Bu*; *Dril* significa sonido. En los tantras como el tantra de Hevajra, el tantra de Kalachakra, el tantra de Vajrakilaya y demás, se describen diferentes tipos de drilbu, y también se mencionan en los tantras Kriyayoga. La mansión o palacio de Kalachakra tiene forma de campana.

Las instrucciones para construir estupas incluyen fabricar una cadena de campanas, drilbu, alrededor de la estupa y la ceremonia de consagración de la estupa también hace referencia a estas drilbu.

Los monasterios tienen una campana para despertar a los monjes y se usa otra campana grande durante las invocaciones y las bendiciones en los rituales. También se usan campanas como carrillones de viento para recordarle a la gente las treinta y siete prácticas del Bodisatva. Algunos sutras describen cómo se ató una campana a la trompa de un elefante y la persona a quien tocaba el elefante con su trompa se reconocía como un rey.

Tales campanas no tenían símbolos en ellas, de modo distinto a las campanas drilbu tibetanas que tienen OM A HUNG tallado dentro de ellas en lo alto, en un área llamada "el útero de la drilbu". Algunas drilbus, como la mía, no tienen imágenes talladas dentro de ellas y se llaman *Myangs-'Das Dril-Bu*, drilbus del paranirvana. Fueron talladas cuando el Buda Sakyamuni murió y por tanto se les llama "campanas de la tristeza". Se hicieron ciento ocho campanas de ese tipo y muchas de ellas, como la mía, llegaron al Tíbet con el Bodisatva Atisa Dipamkara Srijnana. Se hicieron en tamaños diferentes. La mía tiene una cabeza de plata, como todas las campanas originales. Se hicieron copias más tarde y sus cabezas son de metales mezclados.

Las drilbus se clasifican de acuerdo a su forma, por ejemplo con cinco o nueve puntas, o de acuerdo al país en el que se hicieron, o de acuerdo a la ornamentación de la "falda".

Las formas incluyen las de Uddiyana, Nalanda y Bodgaya. Hay un estilo nepalí que difiere de los de otros países. En la parte superior del Tíbet y en Tsang se utiliza una campana que a veces se llama erróneamente una drilbu Tashilhunpo pues su forma se usa también en otros monasterios, como el monasterio Khordong. Otras campanas son el dril de Tsa, el dril de Hor, el dril de Shingl (de la dinastía Shan), el dril de Chang, el dril de Tsok, el dril de Kalimpong, el dril de Birl, el dril de Clementown, el dril de Nepali, el dril de Rajur, el dril de Byalakuppe y demás.

Los metales utilizados para hacer dorjes y drilbu son el oro, la plata, el plomo, el cobre, el estaño, el bronce y el hierro, así como aleaciones tales como el tungsteno, una aleación similar al estaño que es de color blanco y menos valioso que la plata. Jang (lJang) es un metal puro y cuando se rompe al envejecer, el metal de dentro es de color de jade. Jang (lJang) también es un área[1] de donde viene el jade. Las campanas grandes, los címbalos, las vasijas de larga vida, las bumpas y las lamparillas de mantequilla también se pueden hacer de este metal y algunas de las bumpas tienen huellas dactilares visibles en el metal.

Las campanas hacen diferentes sonidos de acuerdo a las proporciones de los diferentes metales utilizados. Si hay mucho oro, la campana suena HUNG HUNG HUNG. Si hay mucha plata, la campana suena SHUNG SHUNG SHUNG. Si hay mucho tungsteno blanco, la campana suena CHAG, CHAG, CHAG. En el sistema indio se usaban ocho metales y las proporciones variaban.

A pesar de su forma, el dorje y la drilbu tienen el mismo número de puntas. Las termas de Padmasambava los describen de nueve puntas y se utilizan solo en las prácticas Ñingma.

El dorje es un símbolo de fortaleza. Se cuenta la historia de un yogui que murió y obtuvo el cuerpo vajra, con todas sus falanges convertidas en vajras separados y sus brazos como el vajra de Indra, que es de una forma diferente al vajra tibetano. El vajra es algo muy fuerte y no puede ser destruido. Cuando las deidades sostienen un vajra es un símbolo de victoria y subyugación.

Algunos tantras se refieren al dorje con cien puntas, (rDo-rJe rTse-brGya-Pa) y también hay dorjes con cuatro o con cinco puntas. Las puntas hacia arriba representan los Budas Dyani masculinos y las puntas hacia abajo representan los Budas Dyani femeninos. La punta central representa a Vairocana. Al este está Vajrasatva, el sur es Ratnasambava, al Oeste está Amitaba y al norte está Amoghasiddi.

En la drilbu, bajo la figura del mango y empezando debajo de la nariz de la deidad, es decir, en el este, hay cinco letras: MUM LAM MAM PAM TAM. Son símbolos de los cinco Budas Dyani y estas letras son equivalentes a las cinco puntas más bajas del dorje. A veces hay ocho letras, pero esto no es correcto. Si hay ocho letras, son TAM MAM LAM PAM MAM TSUM PAM BHRUM. Estas ocho letras corresponderían a los ocho pétalos de loto alrededor de la "cintura" del dorje, que significan los ocho Bodisatvas y sus ocho consortes.

Con respecto a la ornamentación de la drilbu, las ocho cabezas de monstruo marino (*Chu-Srin*), representan las ocho consciencias. Los largos ornamentos enjoyados que cuelgan de sus bocas son un símbolo de la purificación de los oscurecimientos, klesas, y también representan la decoración de las paredes exteriores del mandala. Las cuatro gotas al final de las borlas significan los "cuatro inconmensurables": amor, compasión, gozo y ecuanimidad.

Entre los rostros de los monstruos marinos puede haber muchos ornamentos, que simbolizan los ocho grandes Bodisatvas. La secuencia empieza en el este, bajo la nariz de la deidad. Pueden ser los ocho ornamentos auspiciosos, que pueden variar e incluir una rueda o luna, una joya, un loto, un cuchillo, vajras cruzados, un único vajra, flores y otras cosas adicionales. Estos ornamentos son un símbolo del Rupakāya y las ocho letras superiores son un símbolo del Darmakāya.

Alrededor del borde en la base de la campana, encerrado por dos filas de perlas, hay un anillo de vajras boca arriba, formando un vallado vajra o círculo protector (*Srung-'Khor*).

Alrededor de la parte de arriba de la campana, entre dos anillos de perlas, hay un anillo de vajras horizontales, un círculo protector que representa la frontera entre el samsara y el nirvana, y las ocho o dieciséis vacuidades.

Dentro de la campana, la parte superior de la campana representa el Darmakāya y la parte inferior representa el Rupakāya, es decir, el Sabogakāya y el Nirmanakāya.

La campana no varía de acuerdo a la práctica del mandala, ni al tantra, ni a la escuela; sin embargo, en general los Ñingmapas utilizamos un dorje de cinco puntas y una drilbu para las prácticas pacíficas, y un dorje de nueve puntas y una drilbu para las prácticas airadas.

En la base del mango superior de una drilbu de cinco puntas puede haber una vasija de larga vida (*Tshe-Bum*) con joyas. Una drilbu con nueve puntas no tendrá tal vasija de larga vida sino que tendrá un anillo abierto a través del cual puedes poner tu dedo al hacer determinadas prácticas, como las danzas airadas.

Al respecto del uso del dorje y la campana, aparte de cuando estamos recitando mantras, deberíamos sostener el dorje y la campana todo el tiempo, manteniendo el dorje boca arriba, con las puntas que representan los Budas Dyani masculinos arriba. Dado que no hay manera de saber la diferencia entre la parte de arriba y la de abajo del dorje al mirarlo, necesitamos hacer algo que nos ayude, como marcarlo en el momento de la iniciación, o en su consagración. Especialmente, al hacer la práctica de Vajrasatva deberíamos sostener el vajra, el dorje, porque Vajrasatva pertenece a la familia Vajra. En otros momentos, de acuerdo con las prácticas Jangter y Khordong, sostenemos el dorje en nuestro pecho, utilizando el pulgar y tres dedos medios de nuestra mano derecha, y con nuestra mano izquierda sostenemos la campana en nuestra rodilla izquierda. Cuando decimos una oración, podemos sostener el dorje y la campana, o si no los tenemos simplemente poner el mudra de la oración con nuestras manos.

Cuando los dejamos a un lado, el sistema Jangter es colocar la drilbu mirando hacia el este y hacia ti, con el dojre cruzado delante de ella, sin tocarlo. La parte superior del dorje debería estar a tu izquierda, la parte baja a tu derecha. Al levantarlos, coge a ambos a la vez.

Notas

[1] La región Naxy de la provincia de Yunnan.

11

El monasterio Khordong

El monasterio de Khordong está situado en el Tíbet oriental, en la provincia de Trehor, en el distrito de sNyi-Yul, cerca del pueblo de Deva. La familia Deva fue la primera en llegar a esa zona y, hasta la década de 1960, era la casa más importante y los mayores terratenientes. El pueblo tomó su nombre de esa familia.

El monasterio se conoce tanto como Khordong Gompa (*'Khor-gDong dGon-Pa*) como Khangdong Gompa (*Khang-gDong dGon-Pa*). El monasterio fue construido hacia 1725 por Khamtrul Sherab Membar (*Khams-sPrul Shes-Rab Me-'Bar*), que nació en 1680 en el año de la serpiente de hierro (*lCags-sBrul*) del 11º ciclo *Rab-'Byung*. Nació en la casa de Deva Tshang.

Hasta la década de 1950, en las zonas de Golok y Sertag, el pueblo elegía a su jefe (*dPon-Po*) y a sus oficiales y "reyes". El gobierno central no tenía soldados allí y el pueblo no les pagaba impuestos. Entre estas dos zonas se encuentra Trehor Nyi Khog y en su zona fronteriza está el pueblo de Deva.

Según la tradición, cien generaciones después de que la familia Deva construyera allí su casa, al jefe de la misma se le llamaba Ngagnag Namchag Membar (*sNgags-Nag gNam-lCags Me-'Bar*). Su nombre era Namchag Membar (*gNam-lCags Me-'Bar*) y, como era un yogui tántrico poderoso y peligroso, se le dio el título de Ngagnag (*sNgags-Nag*), "Mantra Negro". Era muy famoso porque si se enfadaba hacía caer lluvia, granizo y rayos contra sus enemigos. Se dice que, a lo largo de las generaciones, la familia se había dedicado a la práctica tántrica.

Namchag Membar había obtenido su poder de meditación (*sidi*) al completar la práctica del Tesoro del Norte (*Byang-gTer Phur-Pa Lha-Nag*) del Dios Negro Phurpa. Su joven hijo tenía una mente muy aguda, por lo que le llamó Sherab (*Shes-Rab*), "Discernimiento Sabio". Sherab quería conocer las enseñanzas del linaje Jangter (*ByanggTer*) de su padre. Cuando se enteró de que el monasterio principal se llamaba Dorje Drag (*rDo-rJe Brag*), quiso ir allí aunque estuviera en el Tíbet central. En Dorje Drag recibió muchas iniciaciones y enseñanzas. Se convirtió en discípulo de Rigdzin Pema Trinle (*Rig-'Dzin Pad-Ma 'Phrin-Las*), el cuarto Rigdzin Chenpo (*Rig-'Dzin Chen-Po*) y reencarnación de Rigdzin Godem (*Rig-'Dzin rGod-lDem*) y recibió de él todas las iniciaciones y la transmisión del linaje completa de Jangter. A cambio, dio a Pema Trinle los linajes tibetanos orientales de Ratna Lingpa (*Ratna gLing-Pa*), el Khongsal Nyingthig Terchö (*Khong-gSal sNying-Thig gTer-Chos*) y el linaje kama directo (*bKa'-Ma*). También fue hermano del darma de Pema Trinle, ya que recibieron juntos la iniciación del quinto Dalai Lama, Ngawang Lobzang Gyamtso (*Ngag-dBang bLo-bZang rGya-mTsho*), también conocido como Zilnon Dragtsal Dorje (*ZilgNon Drag-rTsal rDo-rJe*).

Los orígenes del linaje Byang-gTer

En el siglo VIII d.C., el Mahapandita indio Śantarakshita, el Mahacharya Mahasida Padmasambava de Uddiyana y el rey tibetano Trisrong Detsen (*Khri-Srong lDe'u-bTsan*) construyeron el monasterio de Samye (*bSam-Yas*). Padmasambava dio muchas iniciaciones tántricas allí y en Samye Chimphu (*bSam-Yas mChims-Phu*) a los que fueron conocidos como los Thugse Lobu Bugu (*Thugs-Sras sLob-Bu Bu-dGu*), los nueve discípulos íntimos, al grupo conocido como los Lechen Dagpai Khornga (*Las-Can Dag-Pa'i 'Khor-lNga*), el círculo afortunado de los cinco, y a los Jebang Nyernga (*rJe-'Bangs Nyer-lNga*), los veinticinco discípulos que comprendían al rey y sus súbditos. Todas estas agrupaciones de discípulos incluyen a Nanam Dorje Dudjom (*sNa-Nam rDo-rJe bDud-'Joms*), el rey Trisrong Detsen, Khandro Yeshe Tsogyal (*mKha'-'Gro Ye-Shes mTsho-rGyal*), Lhasre Mutri Tsenpo (*Lha-Sras Mu-Tri bTsan-Po*) y Gelong Namkhai Nyingpo (*dGe-sLong Nam-mKha'i sNying-Po*).

Además, estaba la agrupación conocida como Thugse Dagpa Sum (*Thugs-Sras Dag-Pa gSum*), formada por el rey Trisrong Detsen, Nanam Dorje Dudjom y Yeshe Tsogyal. Cuando Nanam Dorje Dudjom recibió la iniciación para las Ocho Grandes Prácticas (*sGrub-Chen bKa'-brGyad*) su flor cayó en el segmento norte (*Byang*) del mandala y por ello su deidad de meditación fue Dorje Phurba (*rDo-rJe Phur-Pa*).

Siglos después, Nanam Dorje Dudjom se encarnó como Rigdzin Gokyi Demtruchen (*Rig-'Dzin rGod-Kyi lDem-sPru-Can*). Su nombre de nacimiento era Ngodrub Gyaltsan (*dNgos-sGrub rGyal-mTshan*), pero se le llamaba "Pluma de Buitre" porque primero le salieron tres y luego otras dos plumas de buitre de la parte superior de la cabeza. Fue a Zang-Zang Lha-Brag y sacó el tesoro conocido como Sedrom Mugpo (*bSe-sGrom sMug-Po*), el cofre de cuero granate. Este cofre contenía cinco compartimentos: *sNying-mDzod sMug-Po*, el tesoro del corazón granate, en el centro; *gDung-mDzod dKar-Po*, el tesoro de la caracola blanca, en el este; *gSermDzod Ser-Po*, el tesoro de oro amarillo, en el sur; *Zangs-mDzod Mar-Po*, el tesoro de cobre rojo, en el oeste; *lCags-mDzod lJang-Gu*, el tesoro de hierro verde, en el norte. El cofre contenía el *Chidrub Drowa Kundrol* (*sPyi-sGrub sGro-Ba Kun-Grol*), la práctica externa de Chenresi; el *Nangdrub Rigdzin Dungdrub* (*sNang-sGrub Rig-'Dzin gDung-sGrub*), la práctica interna de Padmasambava; *Sangdrub Dorje Dragpo Tsal Thingka* (*gSang-sGrub rDo-rJe Drag-Po-rTsal mThing-Kha*), la práctica secreta del Dorje Dragpo Tsal azul airado; *Yangsang Gongpa Zangthal* (*Yang-gSang dGongs-Pa Zang-Thal*), la enseñanza secreta del dzogchen; *Kabgye Dragpo Ranjung Rangshar* (*bKa'-brGyad Drag-Po Rang-Byung Rang-Shar*), las ocho prácticas de la gran deidad airada; *Phurba Lhanag Drildrub* (*Phur-Pa Lha-Nag Dril-Grub*), la práctica intensa de la Daga del Dios Negro. Todas estas prácticas tienen ramas grandes y pequeñas y prácticas asociadas y todo esto en conjunto se conoce como Jangter, los Tesoros del Norte.

Los principales portadores del linaje del Byang-gTer son las encarnaciones de Rigdzin Godem. Cada uno de ellos tiene el título de Rigdzin Chenpo, gran portador de la presencia. El segundo Rigdzin Chenpo, Legden Dudjom Dorje (*Legs-dDan bDud-'Joms rDo-rJe*) nació en Ngari Lobo (*mNga'-Ris gLo-Bo*). La tercera encarnación fue Rigdzin Ngagi Wangpo (*Rig-'Dzin Ngag-Gi dBang-Po*) que nació en Chang Nam-Re. La cuarta encarnación fue Lobzang Pema Thrinle (*bLo-bZang Padma 'Phrin-Las*) que nació en Namseling (*rNam Sres-gLing*) en Monkhar (*Mon-mKhar*). Desarrolló el monasterio Dorje Drag. La quinta encarnación fue Kalzang Pema Wangchug (*bsKal-bZang Padma dBang-Phyug*). La sexta encarnación fue Khamsum Zilnon Kunzang Gyurme Lhundrub Dorje (*Khams-gSum Zil-gNon Kun-bZang 'Gyur-Med Lhun-Grub rDo-rJe*), que nació en Tachienlu como hijo del rey local, Chagla Gyalpo (*lCags-La rGyal-Po*). La séptima encarnación fue Ngawang Jampal Mingyur Lhundrub Dorje (*Ngag-dBang 'Jam-dPal Mi-'Gyur Lhun-Grub rDo-rJe*) que nació en la misma casa que Pema Thrinle. La octava encarnación fue Kalzang Pema Wangyal Dudul Dorje (*sKal-bZang Padma dBang-rGyal bDud-'Dul rDo-rJe*). La novena encarnación fue Thubten Chöwang Nyamnyid Dorje (*Thub-bsTan Chos-dBang mNyam-Nyid rDo-rJe*) que nació en Lhasa. La décima y actual encarnación, Thubten Jigme Namdrol Gyamtso (*ThubbsTan 'Jig-Med rNam-Grol rGya-mTsho*), nació en Lhasa en Banasho Lha Kyi.

El cuarto Rig-'Dzin Chen-Po fue Pema Trinle, el discípulo y asistente (*Zhabs-Drung*) del quinto Dalai Lama, Ngawang Lobzang Gyamtso. El gurú del quinto Dalai Lama era el tercer Rigdzin Chenpo, Rigdzin Ngagi Wangpo, y tomó su propio nombre de pila, Ngawang (*Ngag-dBang*), del nombre de su gurú. Lobzang (*bLo-bZang*) proviene del nombre de su primera encarnación y Gyamtso (*rGya-mTsho*) es un título general aplicado a todos los Dalai Lamas.

El quinto Dalai Lama dio a Padma Pema Trinle su nombre de la siguiente manera. Del tercer Rigdzin Chenpo, le dio Ngawang y de su propio nombre dio le Lobzang. Debido a que Pema Trinle era un gran portador del linaje de Padmasambava, también recibió el nombre de Pema (*Padma*) y porque, desde la época de Rigdzin Godem, fue el que más hizo para desarrollar la enseñanza y la práctica de Jangter, se le llamó Trinle (*'Phrin-Las*), actividad.

Pema Trinle tuvo como discípulo a Sherab Membar, que era extremadamente erudito y había recibido muchas iniciaciones y transmisiones. Pema Trinle ya tenía treinta y dos tulkus (*sPrul-sKu*, lamas encarnados) estudiando con él cuando llegó Sherab Membar, pero el recién llegado demostró ser el mejor en el estudio y por eso se le llamó Sherab Membar porque su conocimiento (*Shes-Rab*) era como un fuego ardiente (*Me-'Bar*). También era hermano dármico de Pema Trinle, ya que ambos eran discípulos del quinto Dalai Lama. Cuando Sherab Membar recibió la ordenación completa como monje, su nombre era Jampa Tenpai Gyaltsen (*Byams-Pa bsTan-Pa'i rGyal-mTshan*).

El quinto Dalai Lama instruyó a Sherab Membar con esta predicción: "*Debes volver a tu propia casa. Cerca de allí hay una montaña en la que se alojan tres dioses naga serpiente. En ese lugar Nubchen Sangye Yeshe (gNubs-Can Sangs-rGyas Ye-Shes) meditó sobre Shinje (Yamantaka, gShin-rJe-Shed). Es un lugar donde la meditación madura rápidamente. Cerca hay una rueda de oración y debes ir allí y practicar con diligencia. Debes construir allí una casa de meditación y llamarla Thubten Evam Sangngag Chokor Namgyal Ling (Thub-bsTan E-Vam gSang-sNgag Chos-'Khor rNam-rGyal gLing)*". El quinto Dalai Lama le dio su sello de trabajo y éste ha llegado hasta mí.

Rigdzin Chenpo Pema Trinle le regaló un juego completo de todos los textos de Dorje Drag y los dibujos de iniciación tsagli (*Tsag-Li*), en total doce cajas. También envió a trece monjes para que le acompañaran como monje mayor. Doce de los monjes llevaban cada uno una de las cajas, mientras que el decimotercero llevaba la comida. En aquel momento, Sherab Membar tenía unos cuarenta y seis años.

Cuando llegó a su casa, empezó a buscar el lugar del que le habían hablado. Al noreste de su casa había un pequeño manantial llamado Lugyal Zhugmo (*kLu-rGyal Zhug-Mo*) y cerca de él dos manantiales llamados Ritro Chumig Yela y Ritro Chumig Yonla (*Ri-Khrod Chu-Mig gYas-La gYon-La*). Estos manantiales eran muy pequeños pero siempre tenían agua y en invierno había vapor en la parte superior del agua y vivían en ella pequeñas ranas y camarones. En medio de esta zona vio una casa muy antigua que se había derrumbado, pero no pudo encontrar ningún rastro de una rueda de oración.

Sherab Membar permaneció allí durante tres meses y entonces tuvo un sueño que le mostraba dónde estaba la rueda de oración. Cuando fue a ese lugar no pudo encontrarla, pero decidió que pasaría unos días allí. Entonces, por la noche, cuando estaba muy tranquilo, oyó el sonido de la rueda girando. Al día siguiente, descubrió que la rueda de oración había sido colocada bajo la tierra y que el viento la hacía girar con las plumas que tenía adheridas. Esta rueda había sido construida por Nubchen Sangye Yeshe (*gNubs-Chen Sangs-rGyas Ye-Shes*) en la época de Padmasambava. La enorme rueda de oración estaba llena de mantras de Yamantaka. El viento la hacía girar a través de túneles y en invierno, debido a la formación de hielo, se oía un sonido de molienda.

Construyó un pequeño templo en las inmediaciones y en su interior colocó las pinturas en pergaminos thangka de las deidades de las ocho grandes prácticas (bKa'-brGyad) con un thangka pintado por Pema Trinle en el centro. Este centro de prácticas fue conocido por el nombre que le dio el quinto Dalai Lama y fue comúnmente conocido como monasterio Khordong.

Sus trece compañeros construyeron los siguientes monasterios filiales:

1. Thubten Evam Sangngag Chökor Zhugjung Ling (*ThubbsTan E-Vam gSang-sNgags Zhug-'Byung gLing*) también conocido como Zhugjung Gompa (*Zhug-'Byung dGon-Pa*) fue construido por Jigtral Gyamtso (*'Jigs-Bral rGya-mTsho*) en mDo-Khog.

2. Tagtse (*sTag-rTse*) fue construido por Namdrol Gyamtso (*rNam-Grol rGyamTsho*) en Nyar-Tri.

3. Zhugchen Gompa (*gZhug-Chen dGon-Pa*) fue construido por Yeshe Gyamtso (*Ye-Shes rGya-mTsho*) en gZhi-'Khor.

4. Ratrom (*Ra-Krom*) por Nudon Zangpo (*Nus-Don bZang-Po*) en sNyi-sMad.

5. Bala Gompa (*Ba-Lar dGon*) por Kunga Ngedon (*Kun-dGa' Nges-Don*) en el pueblo de Mi-Nyag.

6. Bane Gompa (*Ba-gNas dGon*) por Yeshe Dorje (*Ye-Shes rDo-rJe*) en el pueblo de Ba Khog.

7. Do Dorje Drag (*mDo rDo-rJe Brag*) por Namdrol Dorje Zangpo (*rNam-sGrol rDo-rJe bZang-Po*) en Tachienlu. El Dorje Drag Lha-Brang debe su nombre al sexto Rigdzin Chenpo, Khamsum Zilnon (*Rig-'Dzin Chen-Po Khams-gSum Zil-gNon*), que nació en ese lugar y que luego se dirigió al monasterio Dorje Drag, en el Tíbet central.

8. Tribu Gompa (*Tri-Bu dGon*) por Kunga Thegchog Tenpai Gyaltsen (*Kun-dGa' Theg-mChog bsTan-Pai rGyal-mTshan*) en el pueblo de Ba. Era el erudite más elevado, el mayor meditador, y el discípulo más antiguo en el círculo de Pema Trinle. Sherab Membar, al morir, lo nombró maestro principal.

9. El centro de retiros y meditación Thubten Evam Gatsal (*Thub-bsTan E-Vam dGa'-mTshal*) fue construido por Trinle Lhundrub (*'Phrin-Las Lhun-sGrub*) cerca del monasterio Khordong. Allí, los meditadores se centraban en las practices preliminares (*sNgon-'Gro*), las practices de energía (*Phag-Mo Zab-rGyas*) y la naturaleza de la mente (*rDzog-Chen Ka-Dag*) y eran famosos por su éxito en la práctica.

10. Tsone Gompa (*gTso-gNas dGon*) construida por Urgyen Chemchog (*U-rGyan Che-mChog*) en el pueblo de gTso.

11. La hermita Drori Ritro (*'Bro-Ri Ri-Khrod*) construida por Kunga Yeshe (*Kun-dGa' Ye-Shes*) en bSer-Khog.

12. El monasterio Sotogne (*bSo-Thog gNas*) construido por Thogme Zangpo (*Thog-Med bZang-Po*) en el pueblo de gTso.

13. Drala Gompa (*Gra-Lags dGon*) construida por Sherab Gyamtso (*Shes-Rab rGya-mTsho*) en el pueblo Dza.

14. Gutsa Gompa (*'Gu-Tsha dGon*) construida por Sherab Zangpo en la parte de arriba del pueblo de Zu.

15. Nelung Gompa (*sNe-Lung dGon*) construida por Sherab Zangpo.

16. Pangle Gompa (*sPang-Le dGon*) construida por Sherab Zangpo.

El monasterio principal de estos quince centros es Khordong Gompa, construido por Sherab Membar. En Khordong Gompa había 108 templos y una estupa muy grande que tardó en construirse seis años. Su construcción fue muy costosa. Todo el oro, la mantequilla y las riquezas de la zona se vendieron para construir la estupa. Debido a esto, toda la gente de la zona se empobreció, su egoísmo se cortó y, en consecuencia, las luchas y disputas cesaron. Sherab Membar recibió la transmisión completa de todas las iniciaciones y enseñanzas (*Thob-Yig*) del quinto Dalai Lama. Se las dio en su forma completa a Khordong Terchen (*'Khor-gDong gTer-Chen*) directamente y a Drubgon Tse (*sGrub-mGon Tsheg*) y Tenpa Gyaltsen (*bsTan-Pa rGyal-mTshan*).

Khordong Terchen Nuden Dorje le dio el linaje completo a su sobrino Gonpo Wangyal (*dGon-Po dBang-rGyal*) y a Rigdzin Chomdar (*Rig-'Dzin Chos-mDar*) de Bane Gompa. Ambos dieron la transmisión completa a Tulku Tsorlo (*sPrul-sKu Tshul-Lo*) y Tulku Tsorlo se la dio a Bane Tulku Urgyen Tendzin (*Ba-gNas sPrul-sKu U-rGyan bsTan-'Dzin*). Yo recibí la transmisión completa de ambos.

El sobrino de Sherab Membar se llamaba Urgyen Rangjung (*U-rGyan Rang-Byung*) y su hijo era Khordong Terchen Nuden Dorje Drophan Lingpa Drolo Tsal (*Nus-lDan rDo-rJe 'Gro-Phan gLing-Pa Gro-Lod rTsal*). Es la encarnación del habla de Nanam Dorje Dudjom (*sNa-Nam rDo-rJe bDud-'Joms*), la encarnación del cuerpo de Khyeu-Chung Lotsawa y la encarnación de la mente de Padmasambava. El texto *Yang-gSang rDo-rJe Gro-Lod Kyi gTer-Lung* dice: "*Nuden Dorje tiene la bendición especial del habla de Nanam Dorje y del cuerpo de Khyeu-Chung Lotsawa. Eres mi hijo del corazón (de Padmasambava) y en tiempos futuros serás grande debido a la revelación de tesoros de enseñanzas y objetos*[1]".

En Ko-Ko-Nor y otros grandes lugares reveló siete estatuas de Guru Thongwa Donden (*Guru mThong-Ba Don-lDan*) que son los sKu-rTen, los representantes, del Cuerpo de Padmasambava; once piedras que se llaman Dodrom Thongwa

Donden (*rDo-Drom mThong-Ba Don-lDan*), cada una de ellas de cinco palmos de diámetro y con la huella de la mano de Padmasambava en la parte superior y la marca del dedo de Yeshe Tsogyal impresa justo en el centro. Estas piedras tienen unos cinco centímetros de altura, son de aspecto poco común y, aunque originalmente son de color verde, se vuelven granates, negras y de otros colores durante la meditación. También reveló otras veintisiete piedras tesoro.

Como Sungten (*gSung-rTen*), los representantes del habla de Padmasambava, reveló los siguientes textos: *Phyi-sGrub bKa'-brGyad, bLasGrub, Nang-sGrub mKha'-'Gro, gSang-Drub Zhi-Khro lTa-Ba kLong-Yangs, Yang-gSang Gro-Lod, gSer-Chos, Zab gSang mKha-'Gro SangmDzod*. También reveló *Drag-Po Lha-Nga* y *sKu-gSum Zhi-Khro*.

Como el thugten (*Thugs-rTen*), el representante de la mente de Padmasambava, reveló el *Phurpa Nangsri Zilnon* (*Phur-Pa sNang-Srid Zil-gNon*) junto con diez phurpa de hierro celeste del corazón de un dragón y un Hung de hierro celeste que Padmasambava sostuvo en Samye.

La primera reencarnación de Nuden Dorje nació dos años después de su muerte. Se le conocía como Chagkung Geuter (*LCags-Khung sGe'u gTer*) o Gili Terton (*Gili gTer-sTon*) o Dudjom Lingpa (*bDud-'Joms gLing-Pa*).

La segunda encarnación se llamaba Dorje Gya (*rDo-rJe rGya*). Nació en el distrito de Yu Khog. Era hijo de Terchen Zhenpen Lingpa (*gTer-Chen gZhan-Phan gLing-Pa*). Reveló dos volúmenes de enseñanzas tesoro (*gTer-Chos*), uno de Khandro (*mKha'-'Gro*) y otro de Dzogchen (*rDzogs-Chen*).

La tercera encarnación, a veces considerada la cuarta, soy yo mismo. Este hombre tan pequeño que parece una luciérnaga ha recibido un nombre como el sol, a saber, Khordong Terchen Chime Rigdzin Wangpo ('*Khor-gDong gTer-chen 'Chi-Med Rig-'Dzin dBang-Po*). A los tres años entré en el darma. A los cinco años aprendí a leer y a deletrear y durante los siguientes nueve años, hasta los trece, estudié con los cinco grandes lamas reencarnados de ese monasterio, incluido Bane Tulku Genlo (*Ba-gNas sPrul-sKu Gan-Lo*), Tulku Gyurme Dorje (*sPrulsKu 'Gyur-Med rDo-rJe*), Tulku Kunzang Dorje (*sPrul-sKu Kun-bZang rDo-rJe*) y Tulku Pema Namzang (*sPrul-sKu Padma rNam-bZang*). Además, trece o catorce monjes ancianos me ayudaron a estudiar, por lo que tuve una buena oportunidad de aprender.

Notas

[1] Para un ejemplo de sus escritos véase Low, J. *Aquí y ahora: El espejo de significado claro*, (Ediciones Dharma, 2010).

12

La educación en el Monasterio Khordong

En resumen, a quien llega al monasterio para entrar en la vida religiosa se le enseña el alfabeto, la lectura y la escritura. Los ingresados suelen llegar a la edad de cinco años, pero también los he visto por encima de los dieciocho. También en mi monasterio había dos o tres monjes que nunca habían aprendido a leer y escribir, pero que habían memorizado todos los textos necesarios y habían estudiado y practicado bien. Su aprendizaje no era menor que el de otros monjes y pasaban casi todo el tiempo en la práctica, ya que no se distraían leyendo libros de historia y demás.

Los niños comienzan su educación con la lectura y la ortografía y luego aprenden unos versos de alabanza a Manjusri llamados *Gang bLo Ma*. Creemos que leyendo esto los niños desarrollarán una memoria mejor y más inteligencia. Memorizar textos es importante por muchas razones. Si un texto está en tu memoria puedes recitarlo en cualquier circunstancia, incluso en la oscuridad total. Los textos llenan a los niños de palabras bellas, imágenes y ritmos, además de hacerlos partícipes de una tradición. A los alumnos se les presenta cada texto leyéndoselo, para que experimenten la transmisión del sonido, lung (*rLung*). Después empiezan a memorizar el *Chos-sPyod Rab-gSal*, que contiene más de doscientas páginas de oraciones e instrucciones budistas. Este texto es la práctica básica de la deidad de todos los monjes del monasterio. Cuando lo dominan, comienzan a memorizar las prácticas Jangter de *sGro-Ba Kun-Grol* centradas en Chenresi, *Rig-'Dzin gDung-sGrub* centrada en Padmasambava y *Thugs-sGrub Drag-Po-rTsal* centrada en un aspecto airado de Padmasambava. La memorización de estos textos de uso frecuente es necesaria porque a los monjes no se les permite mirar sus textos durante las partes principales de las prácticas de visualización ritual extensa.

La educación tradicional tibetana y la moderna son muy diferentes. Por ejemplo, en el sistema moderno toda la educación escolar debe terminarse en unos doce años, pero en el sistema tibetano los alumnos siguen estudiando hasta que dominan sus estudios, ya sean diez, veinte o incluso cuarenta años. Esto fue posible porque en el Tíbet oriental los monjes no tenían necesidad de conseguir un trabajo y si no hay necesidad de conseguir un trabajo, entonces no es cuestión de necesitar obtener rápidamente una cualificación.

La educación que se impartía en el monasterio era puramente para el Darma y para ninguna otra razón, por lo que los únicos textos que se utilizaban eran los del Darma. Además, en monasterios estrictos como Khordong, Bane (*Ba-gNas*), Dodrubchen (*mDo-Grub-Chen*), Dzogchen, Dorje Drag, etc., ni siquiera se permitía el estudio de la poesía. Por ejemplo, el Kavyadarsha de Dandin no estaba permitido. Esto se debía a que muchos poemas trataban sobre el amor, que se consideraba perturbador para los monjes. Tampoco se permitía el estudio de la historia ni de leyendas, tanto del Tíbet como de otros países. Ni siquiera se permitían las historias de alto nivel del Darma hasta que se terminaban todos los estudios, porque entonces los estudiantes podían verse tentados a abandonar los estudios necesarios del Darma por estos otros textos que eran más fáciles de leer.

En cuanto a los textos principales que se estudiaban para el budismo del sutra y en general, se utilizaban el *Dul-Ba mDo rTsa-Ba* y el *So-So-Thar-Pai mDo* junto con otros para el Vinaya, el estudio de las reglas monásticas. Los principales textos sobre lógica y análisis eran el Pramanavarttika y los otros seis textos famosos de Darmakirti. También estudiamos el *mNgonrTogs-rGyan* y el resto de los famosos cinco textos de Maitreyanath. Para el Madyamika estudiamos el *dBu-Ma rTsa-Ba Shes-Rab*, el *dBu-MarGyan* y otros. Para el Abidarma estudiamos el *mNgon-Pa mDzod*, el *mNgon-Pa sDus-Pa* y otros.

Los estudiantes debían prestar una atención detallada al Bodicaryavatara (*Byang-Chub Sems-dPa'i sPyod-Pa La 'Jug-Pa*) y a los demás textos raíz indios que se encuentran en los trece volúmenes del programa de estudio tradicional Ñingma. Para el tantra, los textos utilizados eran el *gSang-sNgags Lam-Rim* de Padmasambava, el *Chos-dByings mDzod* y el resto del *mDzod-bDun* de Longchenpa, el *Kun-bZang bLa-Mai Zhal-Lung* de Patrul Rinpoche y el *sNgags-Rim* de Pema Trinle. Para la enseñanza del Dzogchen se utilizaban el *Ye-Shes bLa-Ma* y el *dGongs-Pa Zang-Thal*.

Para estudiar no había que pagar ni a la entrada ni durante el curso; lo único que tenían que aportar los estudiantes eran los libros para su propio uso. En el Tíbet oriental, todos los monjes, incluso los más pobres, tenían suficiente comida y ropa y no tenían que utilizar su educación para conseguir estas cosas. Sin embargo, en el Tíbet central, sí podía ser necesario algún servicio gubernamental o semi-gubernamental.

El periodo de enseñanza se extendía desde el octavo mes hasta el quinto mes del año siguiente. La enseñanza era impartida por los eruditos Khenpo (*mKhan-Po*), Khenpos especialistas, altos Lamas y otros expertos. Se permitía asistir a quien quisiera escuchar la enseñanza, pero si, por ejemplo, había cien personas presentes, tal vez sólo cincuenta estaban estudiando de verdad, mientras que el resto pensaba que asistir era parte de su deber religioso y que haciendo esto cada día algo de Darma continuaría para ellos. A los que habían estudiado bien se les llamaba Lopon (*sLob-dPon*), o Kyorpon (*sKyor-dPon*), profesor asistente o maestro. En el monasterio había algunos eruditos que habían estudiado los mismos textos cincuenta veces o más; como no había límite de edad ni de años, los eruditos podían asistir a las mismas enseñanzas una y otra vez. Por esa razón, no se hablaba de aprobar o suspender. Aquellos que se convertían en expertos o que muchos monasterios reconocían que habían entendido, se consideraba que habían aprobado.

Desde el canto del gallo hasta las 12 de la noche, los estudiantes proseguían sus estudios. La enseñanza se impartía desde las 5 de la mañana hasta las 2 de la tarde. Tal vez tres o cuatro Khempos daban enseñanzas diferentes. Esto da una idea general de nuestro sistema de educación.

Se trataba de materias adicionales como la medicina, la arquitectura para estupas, para mandalas, para monasterios y otros edificios, así como la pintura, la elaboración de estatuas, etc. El texto utilizado para ello es el *bZo-Rig Pa-Tra, Educación artística*, de *Mi-Pham Rin-Po-Che*. Ahora bien, alguien podría objetar que antes se ha dicho que la educación era sólo para el Darma y que, por lo tanto, ¿cómo se pueden introducir estas otras materias? Pero nuestra idea es que la medicina también forma parte del Darma. De cien médicos, cincuenta nunca aceptarán dinero por el diagnóstico o el tratamiento. Sin embargo, si alguien ofrece a los médicos cosas como medicinas o ingredientes, los aceptarán con gusto y los utilizarán para tratar a otros pacientes. Los temas y oficios que se enseñan en el *bZo-Rig Pa-Tra* son en realidad sólo para el Darma. A veces los temas parecen fáciles y a veces parecen muy muy difíciles.

Llegar a ser un alto erudito como un Kyorpon en el Tíbet oriental, o un Gueshe (*dGe-Shes*) en el Tíbet central, podía llevar de quince a veinte años. Pero si uno desea alcanzar estos niveles con los métodos modernos de estudio, necesitaría más de doscientos años. Digo esto porque, en primer lugar, nuestros maestros enseñaban un tema durante dos o tres horas, o incluso durante cuatro o cinco horas si querían terminar una sección o subsección del texto. Pero en la educación moderna el período de clase es de cuarenta y cinco minutos y al principio de la clase cada alumno tiene que responder a su nombre para pasar lista, lo que puede llevar de cinco a diez minutos, dejando sólo treinta y cinco minutos para la enseñanza propiamente dicha. Entonces, cuando el profesor empieza a enseñar, debe estar siempre mirando su reloj para ver cuánto tiempo le queda y eso distrae su atención de la enseñanza, de modo que al final los alumnos sólo reciben unos treinta minutos de instrucción.

En segundo lugar, en el sistema educativo moderno los alumnos sólo estudian elementos seleccionados de aquí y de allá y no trabajan sistemáticamente con ningún libro de principio a fin, mientras que en el Tíbet hay que entender todo el texto. Además, en el Tíbet los grandes maestros no tenían que preguntarse si sus alumnos se presentarían o no porque sabían que a todos los alumnos les gustaba estudiar. El profesor tiene quizás cincuenta años y cree que todos sus alumnos, de entre quince y cincuenta años, acudirán por su propio interés, por lo que no necesita llamar a los nombres y comprobar si están presentes.

Una vez hablé de esto con un colega de la universidad de Santiniketan y me dijo: "Sí, aquí tenemos un profesor así. Un día empezó a dar clases a las 3 de la tarde. Era famoso y muy respetado y su público le prestaba atención. A las 9 de la noche vino el conserje y le dijo: 'Señor, mi deber ha terminado y ahora tengo que cerrar'. Y entonces el profesor consultó su reloj y dio por terminada la lección". Pero no hay muchos profesores así y por eso digo que lo que era posible en veinte años en el Tíbet, llevaría doscientos años en el sistema moderno.

No digo nada aquí sobre grados relativos de inteligencia, sino simplemente que los sistemas de enseñanza son así. Además, en el Tíbet los profesores se convirtieron en grandes eruditos porque no recibían ningún salario y, por tanto, se centraban únicamente en su estudio en beneficio de su propia comprensión y la de los demás. Sin embargo, en el sistema moderno, incluso los profesores necesitan dinero, por lo que no podemos saber realmente si son buenos eruditos que aman el aprendizaje por sí mismo.

Los estudiantes no tenían que pagar cuotas al monasterio por su educación y también estaban libres de cualquier preocupación por la comida y el alojamiento, ya que, desde el momento de empezar en el monasterio, lo recibían todo gratis. Los que procedían de casas grandes eran apadrinados toda su vida y las familias de algunos monjes incluso apadrinaban a otros monjes cada año. De este modo, los monjes pobres recibían alimentos y otras necesidades directamente del monasterio o de algunas personas ricas. Por ejemplo, en el monasterio de Khordong había un monje llamado Pema Legden (*Padma Legs-dDan*), que no era un monje muy elevado, pero su familia era de clase media y daba comida y educación a los nuevos alumnos durante sus primeros cuatro o cinco años. Le gustaba vivir un poco fuera del monasterio porque los monjes jóvenes hacían mucho ruido al recitar sus textos. En el Tíbet había un dicho, "*Chos-Pa Ri La sDud Na Zan Gong Gyen La Ril*", "Incluso si un practicante del Darma vive en la cima de una montaña, la comida rodará cuesta arriba hasta él".

13

El monasterio de Khordong: Ciclo anual de rituales

Describiré los rituales de adoración y meditación que se realizaban cada año en el monasterio de Khordong desde la época de Sherab Membar (*Shes-Rab Me-'Bar*) hasta que yo tenía veinte años. En general, los rituales seguían el sistema del monasterio de Dorje Drag en el Tíbet central, que es el monasterio principal de la tradición Jangter.

ALGUNOS DÍAS IMPORTANTES CELEBRADOS DURANTE EL AÑO

El 1º mes después de Losar (*Lo-gSar*), el año nuevo, se conoce generalmente en el Tíbet como Dawa Dangpo (*Zla-Ba Dang-Po*), que significa "primer mes". En el sistema Ñingmapa se conoce como el Mes del Conejo. Según el sistema Hor o mongol es el Ta (*rTa*) o Mes del Caballo. En el sistema de aldeas que prevalece en todo el Tíbet se le conoce como el Mes del Nacimiento. Sin embargo, sea cual sea su nombre, no hay duda de que es el primer mes del año. También se le llama "Chotrul Dawa" (*Chos-'Phrul Zla-Ba*), mes de los milagros.

El día 15 de este mes el Señor Buda Shakyamuni mostró su poder mágico compasivo para controlar y ayudar a los seis Tirthikas, adeptos no budistas.

El 7º día del 6º mes, o Saga Dawa (*Sa-Ga Zla-Ba*), nació el Buda por la mañana temprano. El día 15 del 6º mes obtuvo la iluminación por la mañana y, muchos años después, murió por la noche. El día 15 del tercer mes se enseñó por primera vez el SRI KALACHAKRA TANTRA. En el 4º día del 6º mes tibetano el Señor Buda entró en el vientre de Mayadevi y éste es también el día del darmacakra pravartana, el "primer giro de la rueda del darma", la primera enseñanza de la doctrina por Buda Shakyamuni. El día 22 del noveno mes se celebra como el gran momento del descenso de lo divino, lhabab duchen (*Lha-Babs Dus-Chen*), el día en que Buda Shakyamuni descendió de nuevo a la tierra desde el Cielo de Tushita donde había ido a enseñar el Darma a su madre. Todos los tibetanos están de acuerdo en los detalles de estas historias.

El primer mes

El día 1 del primer mes se celebran las fiestas del Losar, el Año Nuevo, y los días 2 y 3 también hay celebraciones de Año Nuevo. Del 4º al 7º día se sigue la práctica habitual del monasterio. Es decir, por la mañana se recita el Chocho Rabsal (Chos-sPyod Rab-gSal), una colección de oraciones de lectura diaria, y por la tarde se recitan los textos del Kangso (bsKang-gSo) para la reparación de los compromisos. Del 7 al 15 se celebra el bDe-Chen Zhing-sGrub, la práctica y las enseñanzas sobre cómo renacer en el Reino del Buda Amitaba. El día 13 se lee el 'KHOR-'DAS SPYI-BSANGS para purificar todos los modos de existencia posibles. El día 15 tiene lugar la iniciación de Amitaba con los Mil Budas. El día 15 por la mañana se lee el SOJONG (GSO-SBYONGS), práctica de confesión y reparación de los votos monásticos en el templo principal, y por la tarde se lee el NGAGSO (SNGAGS-GSO) para reparar los votos tántricos.

En otras casas del monasterio algunos monjes practican el SGYU-'PHRUL BKA'-MA, la tradición oral de la naturaleza ilusoria según el texto de Pema Trinle (*Padma 'Phrin-Las*). A continuación, el conjunto de los monjes sigue la práctica monástica habitual desde el día 19 hasta el 25.

El día 25, los cien monjes del nuevo Lhabrang Serkhang (*Lha-Brang gSer-Khang*) realizan el KHANDRO SANGWA YESHE (MKHA-'GRO GSANG-BA YE-SHES), ritual de la Dakini de la Sabiduría Secreta, según el sistema de Dorje Drag y realizan el ritual del fuego Jinseg (Byin-bSregs) asociado. Si algún gran lama está enfermo, también realizan la danza ritual MKHA-'GRO GAR-'CHAM de la dakini con el MKHA-'GRO BSU-BZLOG, el ritual para disipar las dificultades, y los BRTEN-ZHUGS, oraciones para una larga vida.

Del 26 al 28 se realiza la práctica monástica habitual. El 29 se practica el KHANDRO SANGWA YESHE junto con su ritual asociado SUDOG (BSU-BZLOG) para repeler las dificultades. Si no se hace esto, entonces se hace el PHURBA, el ritual de la daga tántrica de Gonpo Wangyal (*mGon-Po dBang-rGyal*) con su ritual dogpa para repeler las dificultades. El día 30 se lee el SOJONG por la mañana y el NGAGSO por la tarde.

El segundo mes

El segundo mes se conoce generalmente como el Mes del Perro. En el sistema Hor se le conoce como el Mes de la Serpiente y los Ñingmapa lo llaman el Mes del Dragón. En su 10º día, Tsechu (*Tshes-bCu*), tiene lugar el PHYISGRUB BLA-MA BKA'-

BRGYAD, la práctica ritual exterior de las ocho grandes deidades. La preparación para ello comienza los días 8 y 9. Este es un Tersar (*gTer-gSar*), un nuevo texto tesoro, de mi primera encarnación, Khordong Terchen Nuden Dorje Drophan Lingpa Drolo Tsal (*'Khor-gDong gTer-Chen Nus-lDan rDo-rJe 'Gro-Phan gLing-Pa Gro-Lod rTsal*).

El día 15 por la mañana tiene lugar el SOJONG y el ritual GYUNTSOG (*RGYUN-TSHOGS*) de muchas ofrendas diferentes. Esto sigue el sistema Dorje Drag (*rDo-rJe Brag*) procedente del traductor Vairocana, Kunrig Nampar Nangdze (*Kun-Rigs rNam-Par sNang-mDzad*). El día 15 por la tarde se lee el NGAGSO del texto RIGDZIN TSASUM KUNDU (*RIG-'DZIN RTSA-GSUM KUN-'DUS*) la asamblea de los vidyadaras y las tres raíces. El día 25 comienza la práctica del CHAM (*'CHAM*) o danza ritual en el monasterio de Serlog Gang (*gSer-Log sGang*), que está a unos dos kilómetros del monasterio principal. Allí el maestro de baile, el maestro de címbalos y algunos monjes experimentados enseñan a bailar a los novatos. También el día 25 se lee el TERSAR KHANDRO SANGWA YESHE y en la sala Serkang (*gSer-Khang, casa dorada*) se realiza el ritual de la deidad Demchog (*bDe-mChog, gran gozo*).

El día 29 se lee el ZABTIG PHURBA (*ZAB-THIG PHUR-PA*) de Gonpo Wangyal, una práctica ritual profunda con la daga. En la mañana del día sin luna se leen el SOJONG y el GYUNTSOG y por la tarde se lee el NGAGSO.

El primer mes es más activo que el segundo en cuanto a grandes ceremonias de culto ritual. En el segundo mes, siempre que no se lea ningún texto especial, todos los monjes deben reunirse en la sala principal para leer el texto completo de práctica diaria CHOCHO RABSAL por la mañana, y por la tarde el KANGSO (*BSKANG-GSO*) para reparar los compromisos.

EL TERCER MES

El tercer mes se denomina generalmente Mes del Cerdo, mientras que el sistema Hor lo llama Mes del Caballo y el Ñingmapa lo denomina Mes de la Serpiente.

El 10º día, bajo la dirección de Vajracharya, cien monjes realizan cien ofrendas TSOG (*TSHOGS*) según el ZHITRO TAWA LONGYANG (*ZHI-KHRO LTA-BA KLONG-YANGS*), el Terchö de Khordong Terchen Nuden Dorje. Esta práctica incluye las cuarenta y dos formas pacíficas y las cincuenta y ocho formas airadas y también los diez vidyadaras con consortes, Rigdzin Yabyum (*Rig-'Dzin Yab-Yum*), y todo el Phurba Dorje Zhonu (*Phur-Pa rDo-rJe gZhon-Nu*). Se realiza en la casa de Nuden Dorje. Luego, al día siguiente, estos cien monjes se dirigen a Serlog Gang y, montando tiendas, se quedan allí hasta el día 15. Aquí leen el ZHITRO cuatro veces al día y también hacen mil NEDREN (*GNAS-'DREN*) para llevar a los muertos a un buen renacimiento. Esto se hace especialmente por todos los aldeanos de esa zona que han muerto en el último año, así como por todos los animales que han muerto y por todos los insectos y otras criaturas que han matado los aldeanos en el curso de su trabajo. El administrador Zhitro Nyerpa (*Zhi-Khro gNyer-Pa*) de esta práctica organiza la financiación de estos rituales y mucha gente envía ofrendas desde hasta mil kilómetros de distancia.

El 8º día del tercer mes, en el templo Lhabrang del Nuevo Serkhang, la práctica de Sri Kalachakra comienza con el ritual SACHOG (*SA-CHOG*) para preparar el lugar. A continuación, el día 9 se realiza el TAGON (*LTA-GON*), etapa inicial de la iniciación, y luego se crea el mandala KHYILKHOR DULTSON (*DKHYIL-'KHOR RDUL-TSHON*) hecho con polvo de colores. Los días 14 y 15, ciento veinticinco monjes practican el Sri Kalachakra y el día 15 llevan a cabo el ritual del fuego JINSEG y el ritual DAGJUG (*BDAG-'JUG*) de auto-empoderamiento como deidad. Dentro del Serkhang realizan la danza ritual DORJE GAR (*RDO-RJE GAR*) que sólo pueden presenciar aquellos que han recibido la iniciación de Sri Kalachakra. Por alternancia, un año se lee el texto de KALACHAKRA de Mipham (*Mi-Pham*) Rimpoché y al año siguiente se utiliza el TERCHÖ (*GTER-CHOS*) de Lerab Lingpa (*Las-Rab gLing-Pa*).

El día 15 algunos monjes leen el Sojong. También ese día ciento cincuenta monjes leen el ritual de ofrenda del cuerpo TSOKLE RINCHEN TRENGWA (*TSHOGS-LAS RIN-CHEN 'PHRENG-BA*). Luego, con otros monjes, hacen la ofrenda TORMA GYATSA (*GTOR-MA BRGYA-RTSA*) de cien sacrificios rituales con la ofrenda de agua. También ese día cuatro o seis de estos monjes deben ir al río Ro-Nye, que está a unos tres kilómetros del monasterio. Allí leen principalmente los textos del PRAJNAPARAMITA. Al principio sólo se llevaban estos textos, pero más tarde también se llevaban varios volúmenes del KANGYUR (*BKA'-'GYUR*), las enseñanzas recopiladas del Buda. Allí ofrecen ritualmente agua bendita en los remolinos del río. Cuando regresan, realizan el GAWA KHYILPA (*DGA'-BA 'KHYIL-PA*), un baile de felicidad en el patio del monasterio.

A continuación, desde el día 25 hasta el día de la luna nueva, con el propio jefe de los rituales meditativos Dorje Lopon Tripa (*rDo-rJe sLob-dPon Khri-Pa*) dirigiendo, cien monjes en el Nuevo Serkhang recitan el ritual de las deidades pacíficas y airadas, el ZHITRO TSORWA RANGDROL (*ZHI-KHRO TSHOR-BA RANG-GROL*) de Karma Lingpa junto con cien nedren para los muertos. Esto es patrocinado por la gente del pueblo de Nye.

El día de luna nueva, por la mañana, los monjes leen el SOJONG para reparar sus votos vinaya y el NGAGSO por la tarde. También hay algunas actividades adicionales en este mes. El día 20 se celebra un ensayo y examen de danza en los terrenos de Serlog Gang. El director del coro Umdze (*dBu-mDzad*) o su ayudante están presentes, junto con el director de la danza o su ayudante, y una de las dos personas que impone disciplina Geko (*dGe-bsKos*). A continuación, cada nuevo bailarín se coloca entre dos bailarines experimentados y juntos practican todos los pasos y gestos. Si todos los novatos aprueban ese primer día, se les permitirá aparecer en la danza del tambor NGACHAM (RNGA-'CHAM) en el siguiente *Tsechu* (*Tshes-bCu*), décimo día del calendario lunar. Ya habrán tenido unos veinticinco días de práctica y también habrán realizado prácticas preliminares en la sección de principiantes de Sartra (*Sar Tra*).

El día 20 tiene lugar otra actividad importante, cuando unos monjes muy cuidadosos sacan de las cajas las secciones almacenadas de la enorme colgadura tangka bordada y la vuelven a montar. La tangka completa mide unos 50 metros de alto y 20 de ancho. El día 25, el Vajracharya y veinticinco monjes realizan el TSECHU SACHOG (TSHESBCU SA-CHOG), preparando el terreno para las celebraciones del día 10 del mes siguiente. Del 26 al 29, cincuenta monjes realizan las Tormas y algunos expertos construyen el mandala con polvos de colores. El día de la luna nueva se celebra en el patio del templo el ensayo final de la danza del lama. También se trata de un examen y algunos de los que aprobaron la prueba anterior suspenden aquí. Así concluyen las actividades del tercer mes.

EL CUARTO MES

El cuarto mes se conoce generalmente como el Mes de la Rata (*Byi-Ba*). En el sistema Hor se conoce como el Mes de la Oveja, y los Ñingmapa lo llaman el Mes del Caballo.

El primer día se hacen las Torma para la práctica de LAMA SANGDU (BLA-MA GSANG-'DUS), la asamblea secreta de Guru Padmasambava, en el Serkhang Superior. Luego, el tercer día, en el Nuevo Serkhang, el Dorje Lopon Chenpo y ciento veinticinco monjes leen el GYALNGEN LASANG (RGYAL-BRNGAN LHA-BSANG) mientras se hacen ofrendas de humo. Una vez que han terminado, hacen los marcos para colgar y colocan las cuerdas para la enorme tangka que se había montado en el tercer mes. Mientras se monta el armazón, se abren los ciento ocho volúmenes del KANGYUR y se repasa cada uno de ellos mediante el sistema Dzog (rDzog) para pasar cada página. A continuación, los monjes se dirigen a las cuatro direcciones y leen el SUTRA DEL CORAZÓN (PRAJNAPARAMITA HRIDAYA) con el ritual de repulsión DOGPA. Esta lectura debe continuarse hasta que se termine el armazón. Después, llevan el KANGYUR por todo el monasterio y vuelven a colocar cada uno de los volúmenes en su sitio.

Esta recitación y el DOGPA se hacen porque anteriormente en el monasterio de Nyi-Dar, a unos setenta kilómetros al oeste del monasterio de Khordong, había habido un monje que se convirtió en un demonio cuando murió y que luego siempre trató de causar problemas a los practicantes Ñingma. Un año rompió la viga de soporte del armazón y esto provocó la muerte de un hombre. Es difícil conseguir rápidamente vigas de repuesto. Cuando se cuelga la tangka en la nueva sala del monasterio, se le da la consagración de RABNE (RABGNAS) porque, aunque ya la ha recibido antes, se acaba de sacar de la caja en la que se había embalado al final del ritual del año anterior. La tangka pudo ser expuesta en su totalidad, ya que la sala era muy grande, pero hubo que enrollar parte de la tela del borde en la parte superior y en la inferior.

A partir del día 3 comienza el RIGDZIN DUNGDRUB DRUBCHEN (RIG-'DZIN GDUNGSGRUB SGRUB-CHEN), la práctica interna Jangter de Padmasambava. En algunos años se combina con esta práctica la elaboración de píldoras TENDU RILBU (BRTAN-DU RIL-BU) para la estabilidad y si se hace esto, al final de la práctica, en el noveno día se da el RANGJUNG KAWANG CHENMO (RANG-'BYUNG BKA'I-DBANG CHEN-MO), la gran iniciación del habla autoexistente. Sin embargo, si no se hacen las píldoras rilbu, el décimo día, tsechu, se realiza la danza cham del DUNGDRUB TSENGYE (GDUNG-SGRUB MTSHAN-BRGYAD), la práctica de las ocho formas de Padmasambava.

Mientras algunos de los monjes están leyendo el RIGDZIN DUNGDRUB en el Nuevo Serkhang, ciento veinticinco monjes están con el Dorje Lopon leyendo el LAMA SANGDU de Guru Chöwang (GU-RU CHOS-DBANG). Si no se hacen píldoras de Rilbu, cuando se termina la danza CHAM, se da por la tarde el DUMBU ZHI WANG (DUM-BU-BZHI DBANG), iniciación en cuatro partes a través de cuatro instrumentos.

Para este período de diez u once días el patrocinio solía ser ofrecido por la casa de Terchen Nuden Dorje y hasta que tuve quince años las actividades durante estos días eran patrocinadas por mi propia casa porque recibíamos muchas ofrendas y remuneraciones por pujas y otras actividades. Nuestro patrocinio era para purificar la recepción de ofrendas para realizar actividades del darma. Los fondos eran administrados por el administrador de Tsechu Nyerpa (TSHES-BCU GNYER-PA).

El 8º día se hacían mil ofrendas de TSOG y también mil lámparas de mantequilla. Este día era financiado por Sherab Chödro (SHES-RAB CHOS-GROGS). El 10º día se hacían mil ofrendas TSOG y mil lámparas de mantequilla y esto era patrocinado por la casa del segundo Nuden Dorje. Para estos dos días el mínimo era de mil ofrendas TSOG y mil lámparas de mantequilla, pero era posible hacer entre seis y siete mil TSOG, ya que todo el mundo deseaba hacer ofrendas en esos días. Cuando se realiza la elaboración de la píldora sagrada RILDRUP (RIL-SGRUB), la casa de Nuden Dorje patrocina algunos días adicionales de preparación (para el Sa-Chog, Ta-Gon, etc.) relacionados con ello. El 8º día, al atardecer, se elaboran las tortas de sacrificio TSASUM TORMA (RTSA-GSUM GTOR-MA) para las TRES RAÍCES y se ofrecen con la danza de KUNTAG GYALMO (KUN-BRTAG RGYAL-MO).

El sistema del 1º día es el de Dorje Drag y el del 9º día es el que vio Nuden Dorje con sus propios ojos cuando era a Zangdopalri. Se colocaban unos quinientos metros de tela como un gran toldo para el patio del monasterio porque cada año existe la posibilidad de que caiga algo de lluvia sobre el monasterio. La lluvia sólo cae en un área de unos ocho kilómetros alrededor del monasterio. El toldo era necesario porque Gonpo Wangyal no permitía que se practicaran rituales para evitar la lluvia durante esos días. Esto se debía a que, con el fin de preparar el terreno para la llegada del Tsengye (*mTsan-brGyad*) ocho manifestaciones de Padmasambava, Indra, Brahma y los nagas envían lluvia para purificar la zona.

El 9º día hay un ensayo final en el que los lamas bailan con su habitual traje de monje. Esta danza curativa Sorig Cham (*gSo-Rigs 'Cham*), o danza de las túnicas rojas Mar Cham (*dMar 'Cham*) era antiguamente el ensayo y la prueba, pero hoy en día los ensayos ya han concluido en el tercer mes. Sin embargo, aunque no es realmente necesario, se sigue haciendo por costumbre. En este día sólo pueden estar presentes los bailarines y los músicos.

En la tarde del 9º día se cuelgan en el interior del gran toldo muchos otros toldos grandes y pequeños, con colgaduras de tela, colgantes, pancartas y demás como adornos. El 10º día todos los monjes se levantan por la mañana antes del canto del gallo al primer Nyensan (*sNyan-bSan*), melodía de invitación que se toca con el oboe Gyaling. Al segundo Nyensan, acuden al porche del templo principal. En el tercer Nyensan comienzan a leer el Rigdzin Dungdrub y hacia las cinco se termina la primera sección y luego toman el té y el desayuno. Luego leen la oración Le'u Dunma (*Le'u-bDun-Ma*) en siete capítulos de Padmasambava, seguida de la alabanza Topa (*bsTod-Pa*) a los Protectores del Darma. Leen el Kangwa (*bsKang-Ba*) de reparación de los votos rotos, leyendo el texto hasta la sección llamada Tsasum Kangso (*rTsa-gSum bsKang-gSo*) de reparación de los compromisos con las Tres Raíces, para cuando el sol está casi saliendo, y entonces comienza la danza.

El 11º día todos los monjes se reúnen temprano, alrededor de las cinco de la mañana. Leen el texto completo del Rigdzin Dungdrub y luego cada uno recibe el Rildrup Rabjam (*Ril-sGrub Rab-'Byams-Ka'i dBang*), la iniciación de la palabra penetrante, o si no es así, la iniciación del Dumpozhi (*Zlum-Po-bZhi dBang*) que se da con el jarrón, la calavera, el espejo y la Torma. Si se ha realizado la práctica del Rilbu, en este punto hay un ritual de fuego y luego parte de la ceniza del fuego y el polvo de colores del mandala se llevan al río y, a una señal dada desde el monasterio, se introducen en los remolinos, mientras que en el monasterio se realiza tres veces la danza Gakhyi y se pide a los dioses serpiente que permanezcan en paz.

Del día 11 al 15, ciento ocho monjes del Nuevo Serkhang leen el Tse-sGrub bDud-rTsi 'Khyil-Pa Bum-sGrub, una práctica de larga vida de la deidad Dutsi Kyilwa. El Nuevo Lhabrang lo patrocina durante dos días, la escuela general del monasterio Dratshang (*Gvra Tshang*) lo patrocina durante un día, la gente del pueblo durante un día y los nómadas durante un día.

En la mañana del día 12, la mayoría de los monjes hacen su práctica habitual, pero algunos hacen la R*abne* T*orma* (R*ab*-*g*N*as* *g*T*or*-M*a*) para la consagración y preparan los mandalas y ponen la tangka en la sala central.

Del día 13 al 15, ciento ocho monjes, junto con el Dorje Lopon, leen el texto ritual R*abne* G*yudon* G*yamtsho* (R*ab*-*g*N*as* *r*G*yud*-D*on* *r*G*ya*-*m*T*sho*) que consagra los objetos indicados. Para todas las estatuas y otros objetos sagrados del monasterio y para los dioses de la aldea y de la montaña hacen la purificación T*rüsol* ('K*hrus*G*sol*) y la bendición de consagración R*abne*. Durante ese tiempo, los monjes corrientes leen el K*anjur*, la colección de enseñanzas de Buda. Si algún monje elevado ha muerto, su familia puede patrocinar las lámparas y también la lectura del K*angyur*.

El día 15 hay S*ojong* por la mañana y N*gagso* por la tarde.

Del día 16 al 24 los monjes siguen el sistema de práctica general del monasterio.

El día 25 se preparan las Tormas para el Nuevo Tesoro, K*hacho* D*orje* N*aljorma* (*g*T*er*-*g*S*ar* *m*K*ha*'-*s*P*yod* *r*D*o*-*r*J*e* *r*N*al*-'B*yor*-M*a*) y luego se realiza el ritual de la deidad Vajrayogini.

Del día 26 al 28 se sigue el sistema general del monasterio.

El día 28 se preparan las tortas rituales para el M*agyud* T*raglungma* (M*a*-*r*G*yud* K*hrag*-*r*L*ung*-M*a*) esencia vital de los tantras madre. El día 29 se realiza esa puja y se tiran las Torma.

El día 30 hay S*ojong* por la mañana y N*gagso* por la tarde.

EL QUINTO MES

El quinto mes se conoce generalmente como el Mes del Buey. En el sistema Hor se conoce como el Mes del Mono, y los Ñingmapa lo llaman el Mes de la Oveja. En este mes hay una importante celebración Tsechu del décimo día de Padmasambava en Tsone (*Tso-gNas*).

En el monasterio, el día 8, en el Nuevo Serkhang, dieciséis monjes leen la práctica de Vairocana K*unrig* N*ampar* N*angdze*.

El 10º día en la sala del monasterio se realiza la práctica de Tsechu de Tamdrin Dregpa Zilnon (*rTa-mGrin Dregs-Pa Zil-gNon*), una forma airada que controla a los demonios. Se trata de un terma de Nuden Dorje.

El día 15 por la mañana hay el S*ojong* y, a continuación, todos los monjes salen del monasterio a tres lugares cercanos: Lagyal Gyugmo (*kLa-rGyal Gyug-Mo*), Mochog (*rMog-Chog*) y el lago Gyagangtso (*rGya-sGang mTso*). Allí recitan la ofrenda de humo D*ZAMLING* C*HISANG* (*'D*ZAM*GL*ING S*PYI-BSANG*) para purificar el mundo, y también la ofrenda de humo K*HORDE* C*HISANG* (*'K*HOR*-'D*AS S*PYI-BSANG*) para purificar el samsara y el nirvana, un terma de Gonpo Wangyal.

A continuación, del 16 al 18 día permanecen cerca del lago y se relajan y el 19 día se acercan de nuevo al lago y hacen el K*HORDE* C*HISANG*.

El día 25 están de vuelta en el monasterio y recitan el ritual de la dakini airada con cabeza de león S*ENGEDONG* D*RAGMO* (S*ENG-*G*E G*D*ONG* D*RAG-*M*O*), el terma de Mati Ratna, y con él hacen muchas ofrendas de Tsog recogidas.

El día 29 leen el T*ARDOG* (*GT*AR-*BZ*LOG*), la sección de repeler obstáculos de ese texto S*ENGE* D*ONGMA*.

El día de la luna nueva hay S*OJONG* por la mañana y N*GAGSO* por la tarde.

E*L SEXTO MES*

El sexto mes se conoce generalmente como el Mes del Tigre. En el sistema Hor se conoce como el Mes del Pájaro, y los Ñingmapa lo llaman el Mes del Mono.

Como ya se ha dicho, el 4º día de este mes el Buda entró en el vientre de Mayadevi y ese día los monjes leen el N*ECHU* C*HAGCHOD* (*GN*AS-*BC*U* P*HYAG-*M*CHOD*), alabanza de los dieciséis Arhants según el sistema Jangter, y leen el K*ANGYUR*.

El 8º día se practica el M*ENLAI* D*OCHOG* Y*IZHIN* W*ANGYAL* (*S*MAN-B*LA'I M*DO*-C*HOG* Y*ID-*BZ*HIN* D*BANG-*RG*YAL*), la poderosa práctica de los ocho Budas de la Medicina que cumple los deseos, escrita por el 5º Dalai Lama.

El 10º día se realiza la práctica del Dorje Drolo T*ERSAR* D*ROLO* (*GT*ER*S*AR* G*RO-*L*OD*), que es un texto tesoro de Nuden Dorje. El día 15 hay S*OJONG* por la mañana y N*GAGSO* por la tarde. Luego comienza el retiro veraniego de la temporada de lluvias, Yarne (*dB*yar-*gN*as).

El día 17 se realiza el ritual de bienvenida Zilnon Sengdongma Suchog (Zil-*gN*on Seng-*gD*ong-Ma *bS*u-Chog) para la Dakini Cabeza de León. El día 19 se realizan las sesenta ofrendas Torma D*RUCHUMA* (D*RUG-*C*U-*M*A*) de este ciclo S*ENGE* D*ONGMA*.

El día 23 se realiza la práctica ritual de la daga Z*ILNON* S*ENGDONG* P*HURDRUB* (Z*IL-*GN*ON* S*ENG-*GD*ONG* P*HUR-*SG*RUB*) asociada a este ciclo de la Dakini Cabeza de León. Tiene secciones sobre C*HAMKAR* (L*CAGS-*M*KHAR*) recinto encarcelador de hierro, D*O* (M*DOS*) construcciones de hilos protectores, y la práctica de atrapar demonios T*SANGDRUB* (*RT*SANG-*SG*RUB*).

El día 25 hay un ritual de ofrendas reunidas de Tsog para la Dakini Sengdongma. El día 29 se tiran las construcciones de hilo, el recinto de hierro, las trampas y los pasteles rituales de Torma.

En la luna nueva hay Sojong por la mañana y Ngagso por la tarde. Los demás días del mes siguen el sistema ritual general del monasterio.

El séptimo mes

Este mes se conoce generalmente como el Mes del Conejo. En el sistema Hor se conoce como el Mes del Perro y los Ñingmapa lo llaman el Mes del Pájaro.

El 8º día, los monjes del retiro veraniego de la estación de las lluvias Yarne leen el TASHI SOJONG (bKRA-SHIS bSO-SBYONG), una confesión auspiciosa y una reparación. El día 10 se lee el DRA DRAGMAR TER (GVRA DRAG-MAR GTER) Tesoro del Rincón Rojo Feroz encontrado por Gonpo Wangyal con ofrendas TSOG reunidas. El día 15 hay SOJONG por la mañana y NGAGSO por la tarde. El día 25 se hacen ofrendas TSOG reunidas sobre la base del MAGYUD TRAGLUNG. El día 29 se lee el SANGPHUR (GSANG-PHUR) Terma Secreta de la Daga de Gonpo Wangyal.

El día 30 se lee el SOJONG por la mañana y el NGAGSO por la tarde. Este día marca el final del retiro veraniego de la temporada de lluvias y durante los tres días siguientes los monjes se relajan y permanecen libremente fuera del monasterio.

El octavo mes

Este octavo mes se conoce generalmente como el Mes del Dragón. En el sistema Hor se conoce como el Mes del Cerdo y los Ñingma lo llaman el Mes del Perro.

El 7º día comienza la práctica de la danza. El 8º día se lee el DONYO CHIPA (DON-YOD MCHIS-PA) Morada Significativa de Nuden Dorje. El ritual Tsechu Tsog que se ofrece el 10º día está tomado del texto del KABGYE DRAGPO RANGJUNG RANGSHAR (bKA'-bRGYAD DRAG-PO RANG-BYUNG RANG-SHAR), las Ocho Formas Iracundas Que Surgen Por Sí Mismas, un tesoro Ter de Rigdzin Godem. Desde el día 10 hasta el 15 se leen mil KANGWA (bSKANG-BA) en el Lhabrang Serkhang para reparar y reponer nuestra relación con los Protectores del Darma.

El día 15 se lee el SOJONG por la mañana y el NGAGSO por la tarde. El 17 se celebra el ensayo final de la danza. Del 21 al 25 se realizan cien mil ofrendas congregadas de TSOG en el Lhabrang utilizando el Jangter Phurba. Luego, del 26 al 29, se practica más la Phurba con mil reparaciones de votos kangso. El día 29 se realiza la danza ritual del PHURBA CHAM.

El día 30 se lee SOJONG por la mañana y NGAGSO por la tarde.

El noveno mes

El noveno mes se conoce generalmente como el Mes de la Serpiente. En el sistema Hor se conoce como el Mes de la Rata y los Ñingmapa lo llaman el Mes del Cerdo.

El día 8 se realiza la práctica del Buda de la Medicina Menla (*sMan-bLa*). La puja Tsechu del día 10 es la práctica SANGPHUR VAJRAKILAYA de Gonpo Wangyal.

El día 15 se lee el SOJONG por la mañana y el NGAGSO por la tarde. Creemos que ese día, cuando el Señor Buda estaba en Tushita, prometió bajar para beneficiar a todos los seres de este sistema mundial. Si algún lama importante ha muerto ese año o el anterior, ese día se reza para pedirle que vuelva al mundo en beneficio de los seres.

El día 22 el Buda bajó de Tushita y ese día se lee el NETEN CHAGCHOD (*gNas-brTan Phyag-mChod*) en honor a los dieciséis Arhants, utilizando el sistema Dorje Drag.

El día 25 se lee el ZILNON SENGE DONGMA con cien ofrendas TSOG. El día 29 se lee el SANGPHUR de Gonpo Wangyal. Con esta práctica se lanzan los granos de Gyedre Karwa (*rGyad-'Dre Kar-Ba*) para encantar a los ocho grupos de espíritus potencialmente perturbadores.

El día 30 se lee el SOJONG por la mañana y el NGASO por la tarde.

EL DÉCIMO MES

El décimo mes se conoce generalmente como el Mes del Caballo. En el sistema Hor se conoce como el Mes del Buey y los Ñingmapa lo llaman el Mes de la Rata.

El día 8 se realiza la práctica de Vairocana KUNRIG (*Kun-Rig*) según la tradición Jangter. El 10º día comienza la práctica de la danza ritual. La práctica Tsechu del 10º día es el RIGDZIN DUNGDRUB GURU YONTEN TERDZOD (*Rig-'Dzin gDung-sGrub Gu-Ru Yon-Tan gTermDzod*), una práctica centrada en Padmasambava y que es un texto tesoro de Rigdzin Godem.

Del 11 al 15 el texto ZHITRO TAWA LONGYANG (*Zhi-Khro dTa-Ba kLong-Yangs*) sobre las deidades pacíficas y airadas descubierto como un tesoro por Nuden Dorje, se practica con NETONG (*gNas-sTong*), vaciando los reinos del samsara. El día 15 se lee SOJONG por la mañana y NGAGSO por la tarde.

El 7º día se celebra el ritual SACHOG para preparar el lugar para cualquier práctica que se vaya a realizar en el 10º mes de ese año. En los seis años femeninos la práctica es el KABGYE RANGJUNG RANGSHAR (*bKa'-brGyad Rang-Byung Rang-Shar*) de Rigdzin Godem y en los seis años masculinos se leen los textos del SHINJE TSEDAG (*gShin-rJe Tshe-bDag*) de Gya Zhangtrom (*rGya-Zhang Khrom*). También el día 7 se realiza el primer ensayo de la danza ritual CHAM. El ensayo final se realiza el día 21.

Del 23 al 29 se lee la práctica de ese mes tal y como se ha descrito anteriormente y el 29 se tiran las Torma y se realiza la danza ritual CHAM. Esto también puede realizarse en el 12º mes. El último día del CHAM se celebra en la sala del monasterio y no es público. Cuando se arrojan las Torma, el Dorje Lopon se viste con el traje del Sombrero Negro y baila la danza del arma de misiles ZORCHAM (ZOR-'CHAMS).

El día de luna nueva se lee el SOJONG por la mañana y el NGAGSO por la tarde. A partir de este día comienza el periodo de estudio y práctica con el DANYING (BRDA-RNYING), el estudio de la forma tradicional de escribir los textos Ñingma. Para todos los monjes y laicos en general, se imparten enseñanzas sobre el guruyoga LAMAI NALJOR (BLA-MAI RNAL-'BYOR) y sobre la práctica preparatoria de las Cinco Dagas ZERNGA (GZER-LNGA). Para los monjes que han terminado sus prácticas preparatorias de NGONDRO (SNGON-'GRO) hay enseñanzas sobre el yoga energético de TSALUNG (RTSA-RLUNG) y DZOGCHEN (RDZOG-CHEN). No se permite alterar el orden de estudio.

El undécimo mes

El undécimo mes se conoce generalmente como el Mes de la Oveja. En el sistema Hor se conoce como el Mes del Tigre y los Ñingmapa lo llaman el Mes del Buey.

El día 3 se celebra el ritual de THUGJE CHENPO SACHOG (RTHUGSRJE CHEN-PO SA-CHOG) para preparar el lugar para los rituales de Chenresi. A continuación, se prepara el mandala de polvo de Chenresi. El 8º día se inicia la recitación del MANI BUMDRUB (MANI 'BUM-SGRUB) de 100.000 mantras de Chenresi. El 10º día se ofrecen cien TSOG con esa práctica y cuando se termina, el 15º día, se hacen el auto-empoderamiento DAGJUG y el ritual NEDREN para asegurar un buen renacimiento. También el día 15 se realiza la práctica general de SOJONG por la mañana y NGAGSO por la tarde.

El día 25, en el Lhabrang Serkhang, hay una práctica que sigue el sistema Tsalpa (Tshal-Pa) para la dakini Kachöma (mKha'-sPyod-Ma).

El día 29 tiene lugar el Guru Dragpo de Gonpo Wangyal con el lanzamiento de la cruz de hilo GYEDO (BRGYAD-MDOS) de las ocho clases de dioses y demonios.

El día 30 se lee el SOJONG por la mañana y el NGAGSO por la tarde.

El duodécimo mes

El duodécimo mes se conoce generalmente con el nombre de Mono. En el sistema Hor se conoce como el Mes del Conejo y los Ñingmapa lo llaman el Mes del Tigre.

El 7º día hay una práctica de danza ritual. El 8º día se lee el AṢṬASĀHASRIKĀ PRAJÑĀPĀRAMITĀ SŪTRA, LA PERFECCIÓN DE LA SABIDURÍA EN 8.000 LÍNEAS. El 10º día hay una ofrenda TSOG con la práctica ritual de Manjusri JAMPAL NAGA RAKSHA ('JAMS-DPAL NA-GA RAKSHA) en forma airada como maestro de los demonios, y también un LAETHA TETRUG (LAS-MTHA' GTAD-SPRUGS) que concluye el ritual de encomienda y exorcismo.

El día 15 se lee el SOJONG por la mañana y el NGAGSO por la tarde. También en este día, los que practican el NGONDRO son examinados en su capacidad de transferencia de conciencia PHOWA ('PHO-BA), y se les da una iniciación de larga vida TSEWANG (TSHE-DBANG). A los que practican el yoga energético Tsalung se les da la iniciación TUMMO MEWANG (GTUM-MO ME-DBANG) para que puedan desarrollar el calor y el poder. Los que están practicando dzogchen reciben la iniciación NGOTRO (NGO-SPROD) a su propia naturaleza.

El día 16 se lleva a cabo la bendición SACHOG del lugar y la construcción del mandala de polvo para cualquiera de las prácticas alternativas que no se haya realizado en el 10º mes. El día 7 se realiza el ensayo de la danza ritual CHAM. El ensayo final es el día 21. La práctica principal es el día 23. El día 25 se realiza la práctica principal con muchas ofrendas reunidas y, en el Nuevo Lhabrang, el NANGDRUB KHANDRO GONGDÜ (NANG-SGRUB MKHA'-'GRO DGONGS-'DUS), la práctica interior de las dakinis reunidas se lee con Tsog y ofrendas de fuego.

El día 28 se realiza el ensayo final del baile. La danza final es el día 29 y luego se lanzan las Torma finales.

En luna nueva hay SOJONG por la mañana, por la tarde hay CHIDAG DOGPA ('CHI-BDAG BZLOG-PA) ritual para repeler la muerte, y NGAGSO por la noche. Por la noche hay una iniciación TSEWANG de larga vida, y a medianoche los monjes que han estado haciendo rituales para los Darmapalas hacen su práctica.

Así se completa el ciclo de un año completo de práctica.

14

Celebraciones de año nuevo

Losar, o año nuevo, tiene lugar el PRIMER día del primer mes tibetano, llamado *Chos-'Phrul Zla-Wa*, el mes de los milagros. En nuestro monasterio de Khordong, se creía que el año nuevo comenzaba al finalizar el último día de luna nueva del último mes del año anterior. Los jóvenes y los seglares de a pie se alegraban en esta época, pero para los dármicos era el momento de considerar la transitoriedad y la muerte, y de reflexionar sobre el poco darma que habían conseguido hacer en el año pasado y cómo tendrían que luchar mucho más en el siguiente.

En el *Tho-Rangs sTag-Gi Dus*, es decir, a la hora del tigre, alrededor de las 2 de la madrugada, cuando la oscuridad del cielo se aclara un poco, comenzamos el *sNyan-gSang 'Bud-Pa*. Es decir, damos una señal a las Tres Raíces (Gurú, Deva y Dakini) y a los Tres Ratnas (Buda, Darma y Sangha) para que nos escuchen, haciendo sonar las trompas largas *Dung-Chen* y también el oboe *rGyagLing* y otros instrumentos. Estos los tocamos juntos según la regla de nuestro monasterio y luego el *rGya-gLing* tocó la melodía llamada *Dru-'Dzin Pho-Brang* tres veces y esto dura aproximadamente una hora y media.

Durante el primer periodo, los ocho monjes conocidos como *mGon-Khang bsKang-gSo-Ba*, que durante el último año han estado leyendo los rituales para los protectores del darma, realizan ahora el *dNgos-Grub Len-Pa* recibiendo los logros del *sGrub-Pa Chen-Po bKa'-brGyad Drag-Po Rang-Byung Rang-Shar*. Los tulkus (*sPrul-sKu*, lamas encarnados) del monasterio también lo realizan.

En la segunda hora de la mañana, el monje del *mChod-gYog* asistente de ofrendas presenta las ofrendas necesarias. Un muchacho con todos los órganos de los sentidos perfectos y muy buena salud, que tiene buenos modales y es de buena familia, sostiene un cuenco de tsampa endulzada *Phye-Mar* y una muchacha con cualidades similares sostiene una olla de cerveza casera chang. Por lo general, las mujeres no pueden entrar en el monasterio, pero este día es especial.

Tanto el chico como la chica deben tener entre 12 y 14 años. Entonces entra Mi Tsering (*Mi Tshe-Ring*), el Hombre de Larga Vida, con un aspecto muy anciano y pacífico, acompañado de un hombre vestido como un sadu indio, un santón errante. Se presentan ante los altos lamas y dicen: "¡Lha rGyal-Lo!", "*Victoria para los dioses*". La figura del sadu *'Dra-dKar* dice muchas palabras buenas, pero como una especie de broma, como: "*Oh sí, he venido de Vajrasatva*". Entonces todos salen aparte del lama principal y los altos tulkus. El Mi Tsering les dice "*bKra-Shis bDe-Legs*", buenos deseos, y el chico ofrece la tsampa especial y la chica la cerveza.

El lama principal dice: "*Phun-Sum-Tshogs*", "*Que tengáis de todo*" y luego dice: "*Kun-Kyang Bag-Dro sKu-Khams-bZang*", "*Todos debéis estar sanos y tranquilos*". Luego el sadu bromista dice: "*Khyad-Cag brTan-Du bDe-Bar Thob-Par-Shog*", "*Todos ustedes deben ser felices*". Entonces el *gSol-dPon*, el "camarero jefe", ofrece comida a las grandes encarnaciones y al *mKhan-Po* y a los funcionarios de relaciones públicas. A los demás monjes y gurús les da patatas rojas con mantequilla y el *'Dra-dKar* dice: "¡*Todos debéis ser felices!*".

A primera hora de la mañana, hacia las 5, se toca un gong y todos los monjes acuden al monasterio y esperan para entrar en la sala al son de la caracola y el tambor. Los monjes ordinarios entran primero pero se quedan de pie. En el porche de la sala principal, el vajracharya y los demás lamas hacen postraciones y luego entran lentamente en la sala y se colocan en sus lugares. Entonces, cuando suena la música *sNyan-gSang 'Bud-Pa*, el mahavajracharya, que era yo, es recibido con incienso y se inclina. Cuando se sienta, todos los demás toman asiento. Entonces todos leen muy lentamente el GSOL DEBS LE'U BDUN MA y beben el té del día. Los lamas de la casa antigua, es decir, la sección procedente de Sherab Membar (*Shes-Rab Me-'Bar*), y los lamas de la casa nueva, es decir, la sección procedente de Khordong Terchen (*'KhorgDong gTer-Chen*), se alternan cada año en la ofrenda de galletas khapse (*Khab-Se*) en este punto. A continuación, en el exterior se entregan pañuelos (*Kha-bTags*) al vajracharya y luego los lamas y tulkus se ofrecen mutuamente pañuelos y dicen "*bKra-Shis bDe-Legs*", "*Buenos deseos*", y se presentan ante el vajracharya.

El sol sale hacia las 8 de la mañana y entonces el vajracharya, los maestros *Pyan-Drangs* de recitación y música y los expertos *Chos-'Dul* en vinaya, no menos de cien, van a la casa de Terchen, a su patio abierto, ya que esta práctica no está permitida bajo el techo del *Lha-Brang*. Allí leen el LHA-BSANG RGYAL-SMAN que debe estar terminado para la 1 de la tarde.

Cerca de esa casa *Lha-Brang* y en el lugar donde Gonpo Wangyal (*mGon-Po dBang-rGyal*) construyó un templo, y en cada montaña circundante comienza la ofrenda de incienso purificador, *LhabSangs*. En el patio frente a la montaña hay una zona llana y allí acuden unas doscientas personas portando ramas de enebro que colocan en una gran hoguera. Se hacen ofrendas de humo y libaciones (*gSer-*

sKyems) a los dioses locales, como Gonpo Chag Drugpa (*mGon-Po Phyag Drug-Pa*), Ekajati (*Lha-Mo Ekajati*), Nyenchen Thanglha (*gNyan-Chen Thang-Lha*).

Ocho yaks muy buenos y ocho caballos finos con pelo blanco en la parte posterior de los cascos, ocho cabras de cuatro cuernos, ocho ovejas de cuatro cuernos, ocho perros negros con blanco en el pecho, todos ellos estaban presentes, así como imágenes de muchos más. Luego, cuando dicen "Lha rGyal-Lo", "*Victoria a los dioses*", todos los hombres del pueblo lanzan tsampa al aire y todas las mujeres vierten chang. Hacen esto tres veces y esto es *gSum-'Dren Zhabs-Bro*. Se ofrece un poco de chang tres veces y se bebe completamente en la tercera ofrenda. Si ese día hace buen tiempo, se considera una señal de que todo el año será tranquilo.

Durante ese tiempo, mientras sale el sol, en el templo el vajracharya, el maestro de música umdze (*dBu-mDzad*) y mil monjes leen un *Kangyur* completo. Entonces regresan los monjes que habían estado haciendo la ofrenda de humo y todos ellos leen el GNAS-RTAN PHYAG-MCHOD-RGYAS, el ritual para los dieciséis arhat mahastaviras. Buda les ordenó que guardaran y practicaran sus doctrinas, por lo que también les pedimos que lo hagan. Esto se hace según el sistema ritual de Dorje Drag.

A continuación, en el techo alto, justo debajo del ciervo y del darmachakra, ponemos el DGE-BDUN DUNG-'KHOR y damos la consagración (*Rab-gNas*). Después todos los monjes van con un volumen del KANGYUR o TENGYUR (BSTAN-'GYUR) u otros textos y luego circunvalan todo el monasterio una vez y el templo principal tres veces. A continuación, vuelven a colocar los libros en su lugar correcto y van a sentarse en su propio sitio y luego leen el BLA-MA MCHOD-PA MCHOG NOR-BU'I PHRENG-BA y hacen ofrendas tsog reunidas. Si hay presentes algunos monjes muy importantes o de gran edad, entonces los demás monjes dicen: "brTan-bZhugs", "*¡Larga vida!*".

La gente del pueblo se levanta hacia las 5 de la mañana con la primera luz del sol. Los niños dicen "bKra-Shis bDe-Legs", "*¡Buenos deseos!*", a su madre y ella dice: "*¡Todos debéis estar bien!*". Luego le dan arak, alcohol destilado, y ella dice: "*Phun-Sum-Tshogs*", "*¡Que tengáis de todo!*". Este sistema parece muy respetuoso con la madre, pero en realidad se habrá levantado unas tres horas antes que los niños, preparando toda la comida y dejando todo listo.

Los pastores celebran el año nuevo de forma muy parecida a los aldeanos. Los niños dicen: "*bKra-Shis bDe-Legs*" y la madre responde: "*sKu-Khams bZang*", entonces los niños ofrecen a su madre un gran bote de leche con mantequilla.

Por lo general, el primer día no se come nada bueno. En ese momento la luna no es visible, pero creemos que brilla en la cima del monte Meru y que, por tanto, es el año nuevo de los dioses. Por lo tanto, ofrecemos las ofrendas de comida de *Zhal-Zas Tshogs*, la ofrenda *bSangs* de humo de enebro, etc.

El SEGUNDO día del mes, todos los monjes de la casa de Nuden Dorje acuden al templo principal llevando el *Kangyur* completo. En la sala más pequeña, estos textos se leen íntegramente. El rDo-rJe sLob-dPon lee el BKA'-'DUS LHA-BSANG CHEN-MO. En las casas de los altos lamas, en la cocina del monasterio y en todas las casas de los aldeanos se cocinan callos y cabezas de oveja para el tercer día. La cocción se hace el segundo día porque creemos que el reflejo de la luna brilla entonces en el océano, lo que significa que es el año nuevo de los dioses serpientes naga, que son también los dioses de la cocina, pero no comemos estas cosas hasta el día siguiente.

El TERCER día del mes, todos los grandes lamas del monasterio se unen a la asamblea general. Todos los aldeanos de los alrededores piden que cada año se lea el KANGYUR al menos una vez. Este tercer día es el año nuevo de los humanos, ya que ese día la luna nueva es visible para nosotros. Entonces comemos buena comida y vamos a visitar las casas de los demás.

El mahavajracharya, con el maestro de música umdze entra en el templo el tercer día con el asistente de torma (*gTor-Ma*), los asistentes del maestro de música, el director de los monjes Tsultrim Gekö (*Tshul-Khrims dGe-mKod*) y sus asistentes y otros. A continuación, cada monje recibe un trozo de carne muy grande y muchas galletas khapse y pequeñas patatas rojas. A continuación, Khordong Terchen les envía a cada uno un terrón de azúcar y galletas khapse como símbolo de que han sido invitados a su casa. Y el encargado de las relaciones públicas les dice: "*Esta es la comida del gran lama para vosotros*".

Luego, del CUARTO al SÉPTIMO día, sólo se leen los textos generales. Es decir, el CHOS-SPYOD RAB-GSAL por la mañana y las oraciones de súplica y reparación CHOS-SKYONG BSKANG-GSOL por la tarde.

Del SÉPTIMO al DECIMOQUINTO los viejos monjes que siguen a Sherab Membar leen el SNAR-THANG BKA'-'GYUR y el BSTAN-'GYUR Y RNYING-MA RGYUD-'BUM. Luego leen el BDE-CAN ZHING-SGRUB durante ocho días. Practican el BDE-CAN MYUR-LAM y el BDE-CAN SMON-LAM de Raga Asyes para facilitar el renacimiento en la Tierra Pura de Amitaba y el vajracharya o abad da enseñanzas sobre esto y sobre Amitaba. En este momento sólo se come comida blanca (es decir, sin carne). Tradicionalmente, en el este del Tíbet, el 99% de la gente no comía pollo, huevos ni pescado. Si el vajracharya es famoso y popular, muchos aldeanos, quizá uno o dos mil, acuden a escuchar la enseñanza. Se sientan en el porche.

Del DÉCIMO al DECIMOQUINTO día, de acuerdo con el sistema de Pema Trinle (*Padma 'Phrin-Las*), algunos monjes leen el SGYU-'PHRUL BKA'-MA.

El DECIMOTERCER día algunos monjes practican el 'KHOR-SDE SPYI-TSHANG purificando todo el samsara y el nirvana de Khordong Gonpo Wangyal ('*Khor-gDong mGon-Po dBang-rGyal*) en Serlog Gang (*gSer-Log sGang*), el lugar donde el tío de Sherab Membar detuvo el descenso de las piedras de granizo y las juntó en un montón señalándolas con el dedo.

El DECIMOQUINTO día, el día de luna llena, al final del *bDe-Can-Zhing sGrub* el mahavajracharya da una iniciación bien de Ratna Lingpa (*Ratna gLing-Pa*) o del *'Dro-Ba Kun-sGrol* de Rigdzin Godem (*Rig-'Dzin rGod-lDem*), junto con la práctica de los mil budas. Otros monjes realizan muchas ofrendas *bDe-Can-Zhing Tshogs*. La organización de las lámparas de mantequilla es responsabilidad del *sTong-mChod gNyer-Pa*, el administrador de las mil ofrendas. Ese día, otros monjes leen el *Kangyur* y el *sNgags-bSo* del tesoro de Khordong Terchen.

Del DECIMOSEXTO al VIGÉSIMO CUARTO día, aparte de la práctica privada, sólo se leen los textos diarios generales.

El VIGÉSIMO QUINTO día, en la casa amarilla de Serkhang de Nuden Dorje, se lee la práctica Jangter de MKHA'-'GRO GSANG-BA YE-SHES. Si algún gran lama está enfermo, se le prestará ayuda mediante esta práctica y también mediante la danza asociada de las dakinis.

Del VIGÉSIMO SEXTO al VIGÉSIMO OCTAVO día se leen los textos generales de la puja.

El VIGÉSIMO NOVENO día se lee el MKHA'-'GRO GSANG-BA YE-SHES BSU-BZLOG, al aire libre si es posible, de lo contrario se lee el PHUR-PA BZLOG-PA de Gonpo Wangyal.

El DÍA DE LUNA NUEVA se lee el *GSO-SBYONG* y luego el *SNGAGS-SRUNG* de Rigdzin Tsasum Kundu (*Rig-'Dzin rTsa-gSum Kun-'Dus*).

El OCTAVO DÍA DE CADA MES se celebra el ritual del Buda de la Medicina (*sMan-bLa*, Sanador Supremo). Todos los fondos de esta ofrenda provienen cada año de la casa de Sherab Membar. Cada año envían tres mil khal (unos 42.000 kilos) de cebada.

En los rituales del DÉCIMO día que se realizan cada mes, las ofrendas de *Mang-Ja* o té general son patrocinadas por los pastores de *Jatami Chen Yu* y *mChog-Tshang*.

El DECIMOQUINTO DÍA DE CADA MES, la ofrenda general de té procede de la propiedad del Khordong Utrul (*'Khor-gDong dBu-sPrul*), que da dos mil khal de cebada al año.

Para la puja de *Zhi-'Khro*, tres mil khal proceden de la propiedad de Gonpo Wangyal.

El *sNgags-bSo* del día sin luna es patrocinado por el primer *Lha-Brang* de Sherab Membar. Envían la mitad de la cebada de la casa, que asciende a unos siete mil khal.

15

Comentarios sobre la cultura

La cultura tiene tres aspectos: la que se adquiere por participación, los aspectos tradicionales que se adoptan y la cultura que se adquiere por educación.

En cuanto a la cultura adquirida por participación, es la forma de comportamiento que rodea al niño cuando nace. Es la cultura "natural" o "dada" de la familia. Es lo que se da por sentado, lo que parece normal. Se adquiere por participación y no requiere ningún estudio formal. Tiene aspectos que se absorben mediante la participación, por ejemplo, el dialecto de la familia, y tiene aspectos que se revelan mediante la participación, por ejemplo, los propios rasgos de carácter y disposición del niño, generoso, egoísta, etc.

A los tres o cuatro días de nacer, el niño se muestra a su familia más amplia, que se alegra de tener un nuevo miembro. Los que no forman parte del grupo familiar se muestran indiferentes, ya que el niño es una persona más que necesita comida y ropa. El niño llora y esto es una señal de que necesita ayuda. Cuando ha crecido hasta la altura del brazo de un adulto, es capaz de decir "OM MANI PADME HUNG HRI". No es necesario enseñar a un niño a decir esto, ya que lo escucha todo el tiempo. Si un niño es feliz cuando ve a un lama o ve bailar a un lama, entonces, cuando otras personas tienen dificultades y penas, ese niño también sentirá pena y deseará hacer felices a los demás. Si alguien tiene problemas con un enemigo, un niño bueno se entristecerá, un niño mediano no responderá y un niño malo dirá que eso es bueno. Esta es la cultura general del pueblo transmitida directa e indirectamente en miles de momentos de interacción. Es necesario un cierto conocimiento del bien y del mal si se quiere sobrevivir en el mundo. Este conocimiento puede ser rígido o flexible dependiendo de cómo se adquiera.

En cuanto a la cultura tradicional, cada aldea del Tíbet tenía su propia cultura local que determinaba los peinados, los zapatos, la ropa y los adornos de los hombres y las mujeres. No se permitía que los individuos mezclaran su estilo de vestir. Incluso cuando viajaban muchos miles de kilómetros para comerciar o en peregrinación, mantenían el estilo de vestir de su pueblo. Los niños adoptan la vestimenta del lugar donde nacen. También mantienen el dialecto de esa zona. Las aldeas también tienen su propio sistema de hacer ofrendas durante el culto y esto se mantenía de generación en generación. La conexión familiar se mantenía hablando de forma amistosa, con la voluntad de ayudar a todos los miembros de la familia y manteniendo una buena conexión con el entorno. Por ejemplo, todos los días se llevaba agua a la puerta y se ofrecían tres gotas al cielo para las Tres Joyas.

En cuanto a la cultura adquirida por la educación, a través de los padres, los maestros y los ancianos de la aldea, los niños aprenden la cultura formal a través de historias y ejemplos. También se presentaban historias educativas cuando se realizaban rituales para los enfermos. Además, se representaban regularmente obras de teatro educativas como las desarrolladas por Druptob Thangtong Gyalpo, Drowo Zangmo, Alche Nangsa, Padma Odbar, etc., que mostraban cómo los buenos resultados se derivaban de las buenas acciones y los malos resultados de las malas acciones.

Préstamos

"*Quien no conoce a nadie no recibe nada*", pues no es costumbre prestar a los extraños. Sin embargo, si se conoce bien a alguien, si necesita dinero o caballos o yaks, se le da lo que necesite. Si hay que devolver un animal, no es necesario dar exactamente el mismo caballo. Si un caballo ha muerto, el propietario puede decir que necesitaba un caballo con cualidades particulares, pero no se le permite exagerar en esto. En estas circunstancias, si el propietario hace una reclamación falsa, todo el pueblo sabrá que es malo y será avergonzado.

Si los artículos se prestan durante un año, normalmente si se prestan cien artículos se deben devolver ciento cinco. Sin embargo, había algunos empresarios codiciosos que querían que se les devolviera ciento veinte por cada cien prestados como tipo de interés mensual. También había un sistema de depósito en el que se exigía depositar un artículo que valía el triple de lo que se quería pedir prestado. Algunos prestamistas eran justos, pero otros eran unos sinvergüenzas. Por ejemplo, un prestamista podía decir que vendría a mediodía del día 15 del tercer mes para recibir su deuda, pero luego no se presentaba a recibirla, o llegaba tarde, o decía que había estado allí cuando en realidad no lo había hecho. Sobre la base de esto, los prestamistas exigían más dinero. Muchas personas lo hacían.

Sin embargo, si un monje hace negocios para un patrocinador o para recaudar fondos para el monasterio, entonces tiene que comportarse con mucho cuidado porque entiende que las acciones tienen consecuencias. Si un monje hace negocios para ganar dinero sólo para sí mismo, entonces es un trabajo terrible.

Ricos y pobres

En primer lugar, digo que si a partir de mañana, durante nueve o diez años, una casa no tuviera ni ingresos ni cultivos, seguiría teniendo suficiente comida. En el este del Tíbet había tanta comida disponible que no había razón para que nadie pasara hambre. Además, la gente, ya fueran pastores o agricultores, comían alimentos muy sencillos que también eran muy sanos y nutritivos.

Por lo general, cada casa tenía un mínimo de cincuenta a cien acres y la persona más rica podía tener mil acres de tierra. Si los agricultores no eran perezosos, podían ganar en la cosecha entre treinta y sesenta veces la semilla que habían plantado. También creemos que si practicamos la virtud, nuestros esfuerzos serán fructíferos gracias a ella. Así, antes de comenzar la actividad agrícola, hacemos ofrendas a los dioses de la tierra, a los dioses de las serpientes y a los dioses del agua, todos ellos bajo el control de Vajrapani. A mitad de la temporada de cultivo, hacemos ofrendas a los Lha Srin De Gye, los ocho grupos de espíritus locales, para que no causen problemas a las cosechas o provoquen heladas, granizo, óxido o corrimientos de tierra. Sin embargo, si toman las ofrendas y luego hacen granizo o causan óxido, hay prácticas específicas que hacíamos. Por ejemplo, en mi zona, practicamos la Tara Verde según Gonpo Wangyal y esto hizo que las cosechas volvieran a estar a pleno rendimiento.

En la cosecha siempre damos generosamente a las personas que están en retiro aunque estén en cuevas lejos de nuestro país. En el plazo de un mes desde que la cosecha llega a la casa, realizamos el kangso para la reparación y cada casa practica también el mandala zhitro de las deidades pacíficas y airadas durante uno o cuatro días por los muchos insectos que murieron durante el trabajo agrícola. Luego, antes de plantar el siguiente ciclo, hacemos los rituales del dios de la riqueza.

Cosechas

Nuestro principal alimento es el tsampa, por lo que cultivamos cebada, tanto blanca como azul, para tostarla y molerla. También tenemos sowa y el centeno de piel gruesa, el yugpo, con el que también hacemos tsampa. En algunos lugares se cultiva trigo, pero no en nuestra zona, que es demasiado fría. Se cultivan guisantes. También cultivamos maíz, marmo lotok. Crece alto y brota pelo que llamamos ngema, pero no madura del todo. Lo mismo ocurre con el chile, el tomate y el girasol: aparecen flores pero no semillas.

Dieta

En el Tíbet teníamos rábanos, nabos, espinacas, coles y patatas y se cultivaban en los alrededores de Lasa, pero en mi zona no nos interesaban. En general, no comíamos verduras. Somos como los tigres; comemos carne. También comemos tsampa, mantequilla, cuajada y queso. Siempre la misma comida, así que no había ninguna dificultad para nuestro cuerpo.

En nuestro país no se aprovechaban los huesos ni la carne vieja en mal estado porque teníamos un exceso de comida e incluso teníamos que tirar la cuajada. En la época de lluvias no era posible conservar la leche ni hacer queso, por lo que se tiraba mucho. También cultivábamos una patata roja muy pequeña que se comía con mantequilla. No cultivábamos verduras, sino flores. Ignorábamos cualquier verdura si crecía. Después de venir a vivir a Kalimpong empecé a comer verduras. Si les decía a mis paisanos lo que comía, me decían: "*¡Ahora te has convertido en una vaca!*"

Carne

¿De dónde sacamos la carne? Generalmente de los pastores, pero también del pueblo. ¿Por qué los budistas comen carne? Sí, parece muy malo, pero incluso en el Tripitaka tibetano no encontrarás ninguna restricción clara impuesta por el Buda para comer carne. El Buda dice: *"Por favor, no lo hagas"*. También evitamos matar animales debido a los cuatro aspectos de la acumulación kármica: la base, que es la cosificación; la intención, que es egoísta; la acción, que es perjudicial; y el resultado, que es la felicidad para uno a expensas del otro. Como los religiosos seguimos el Tripitaka, no descuidamos esta instrucción y, por tanto, los monjes no matan su propia carne, sino que se la dan otros.

Los laicos, los pastores y los aldeanos, dirían que matar no es malo porque aunque uno practique el no matar, estos animales morirán de todos modos en un plazo de cinco a diez años.

Leña

Si no eras perezoso o viejo, ni ciego o discapacitado, a cinco minutos a pie de tu casa y sin mucho esfuerzo podrías conseguir fácilmente el suministro de leña para cinco días. La estufa de la cocina debe tener siempre fuego encendido para que tengamos agua caliente disponible y podamos hacer té siempre que lo necesitemos. Utilizamos agua caliente para cocinar carne o té y podemos hacer más fácilmente si vienen invitados. ¿Bebemos agua caliente? No, esto era sólo para los que no podían digerir el té.

Alojamiento

Los pastores viven en tiendas negras hechas de pelo de yak. Estas tiendas pueden ser grandes o pequeñas, de veinte a cincuenta pies de diámetro y de cinco a doce pies de altura en cada lado. Estaban hechas de tiras de lana, cada una tejida de un palmo de ancho. Este estrecho tejido las hacía muy resistentes.

Los agricultores tienen de cuatro a cinco habitaciones, cada una de ellas con una puerta y sin ventanas laterales, pero con un largo agujero en el techo para el humo y la luz que había que tapar en tiempo de lluvia. Sus puertas eran inútiles. A veces, por la mañana, he visto a gente durmiendo rodeada de ovejas y perros. Cuando les preguntaba: *"¿No mantienen la puerta cerrada?"*, respondían: *"Sí"*, entonces les preguntaba: *"¿Y por dónde han entrado las ovejas?"*. Respondieron: *"Por la puerta"*. También había ladrones. Algunos robaban debido a la pobreza, pero también había algunos ladrones ricos.

Animales

En mi zona, una persona pobre posee de cincuenta a cien yaks, de diez a veinte caballos y de una a quinientas ovejas, pero los ricos tienen mil caballos (*tongta*) y diez mil dzo y yaks (*trindzo*). Para contar los dzo, sólo muestran una gran masa negra cuando se mira desde la colina. Un dzo tiene un yak por padre y una vaca por madre, al igual que una mula tiene un caballo por padre y una burra por madre. También tenían algunas ovejas y cabras, pero no era costumbre de nuestros pastores tener muchas cabras.

También había animales no domesticados, como el drong, que es como un búfalo pero con cuernos muy largos, de hasta metro y medio. Si se les mataba y pesaba, daban quizás cincuenta quintales de carne, lo que es similar a un elefante indio. También está el kyang, un pequeño caballo de montaña, y los gyara[1], gowa[2], shawa[3], nawa[4], tso[5], chiru[6] y kyin[7]: había muchos animales con cuernos y patas hendidas, incluido el ciervo almizclero. Había tigres, leopardos, osos, tremong[8], gatos del bosque, zorros, lobos, sa[9], yu[10], es decir, muchos carnívoros diferentes.

Había grandes cuervos, cha tra ma, chung gong kye, ke chi war, nyu dzang y muchas otras aves.

También en el agua y cerca de ella había ranas, peces pequeños y grandes, y a veces en los ríos grandes había peces que incluso eran capaces de bloquear el río, ¡pero esto es una mala señal!

Había algunas serpientes, pequeñas y muy peligrosas. Había muchas criaturas voladoras, como mariposas, gusanos de fuego, etc., pero no teníamos abejas. En nuestra casa había gatos, ratas, moscas comunes y gusanos comedores de ropa.

Estaciones

Desde finales del quinto mes hasta finales del sexto, había seis semanas de lluvia continua durante las cuales no se veía el sol ni el cielo. También en el Tíbet, en los meses undécimo y duodécimo, había mucha nieve y un clima sin aire durante el cual a los ancianos les costaba respirar y muchos morían.

En los viajes largos era necesario cruzar muchos ríos y, del tercer al décimo mes, como había pocos puentes, había que dar muchos rodeos, lo que hacía el viaje muy lento. Sin embargo, desde el décimo mes hasta el comienzo del tercero se podía ir a todas partes rápidamente porque los ríos estaban congelados. Así, un viaje que en verano duraba dos días podía hacerse en media hora en invierno. Por eso, cuando la gente viajaba por motivos culturales o para conocer a otras personas, prefería hacerlo en invierno.

Comer y beber

Nuestro té venía de China. Le añadíamos leche y sólo en contadas ocasiones añadíamos mantequilla. En algunas zonas cercanas se hacía una especie de sopa con tsampa y té fuerte y se comía con queso, cuajada y carne. La leche y los dulces se consideraban comida para niños.

Las personas sanas, por la mañana, cuando podían ver las líneas en sus manos, tomaban té y tsampa, queso y mantequilla. Luego, hacia las 9 de la mañana, tomaban té y tsampa. A mediodía tomaban tsampa, carne, mantequilla y cuajada. A las 4 de la tarde, té y tsampa. A las 8 de la tarde, té, tsampa, thugpa (sopa), carne, cuajada y queso. Cada pueblo tenía sus propias costumbres en cuanto a la comida e incluso cada casa tenía sus propias prácticas. Cuatro comidas al día se consideraban esenciales, pero cinco eran mejores. Si sólo se hacían cuatro comidas, la última era a las 17:30.

Los monjes tomaban la misma comida, pero los que habían recibido la ordenación gelong completa no comían alimentos que requirieran ser cortados o masticados después de las 12 del mediodía.

Dormir y despertar

Los laicos se despertaban al primer sonido que hacía el gallo. Comían para llenar el estómago y luego salían y volvían para el almuerzo a las 2 de la tarde. Después no trabajaban y dormían inmediatamente después de la cena. Los monjes también se despertaban al canto del gallo. Recitaban las escrituras y practicaban la meditación. Continuaban así durante todo el día siguiendo el patrón de su monasterio y luego dormían después de la cena y de haber completado sus recitaciones diarias requeridas. Los monjes jóvenes se van a dormir temprano y los viejos pueden hacerlo más tarde. Sin embargo, nadie duerme después de las 4.30 o 5 de la mañana, cuando el cielo brilla. Esta es la opinión de la gente del pueblo y la práctica de los monjes del pueblo, pero los monjes del monasterio tienen una idea diferente.

Notas

1 Gyara, un tipo de cabra-antílope, Capricornis sumatraensis.
2 Gowa, Gacela tibetana, Procapra picticuadata.
3 Ciervo de McNeil, Cervus elaphus macneilli.
4 Nawa, Oveja azul o bharal, Pseudois nayaur.
5 Tso, otro tipo de gacela.
6 Chiru, antílope tibetano con cuernos muy largos, Pantholops hodgsoni.
7 Kyin, Íbice, Capra ibex.
8 Tremong, Oso pardo tibetano, Ursus arctos pruinosus.
9 Sa, Leopardo de las nieves, Panthera uncia.
10 Yu, lince.

16

Rigdzin Godem y Sikkim

Hay tres encarnaciones excelentes que son los reveladores de tesoros más elevados (*gTer-sTon*), cada uno de los cuales tiene las bendiciones del Cuerpo, la Palabra y la Mente de Padmasambava. El Tertón de aspecto solar que es la encarnación del Cuerpo del Gurú es Ngadag Nyang Nyima Odzer (*mNga'-lDag Nyang Nyi-Ma 'Od-Zer*). El Tertón que es como la luna y que es la encarnación del Discurso del Gurú es Gurú Chokyi Wangchuk (*Gurú Chos-Kyi dBang-Phyug*). El Tertón que es como una gema que cumple deseos, la encarnación de la Mente del Gurú, es Rigdzin Gokyi Dem Truchen (*Rig-'Dzin rGod-Kyi lDem-'Phru-Can*).

Aquí nos ocupamos de la encarnación de la Mente, Rigdzin Gokyi Dem Truchen, conocido como Rigdzin Godem. Nació el décimo día del primer mes del año del buey de agua en la parte norte del Tíbet, en la aldea de Toryor Nepo (*Thor-Yor Nas-Po*), frente al lado este de la colina llamada Riwo Trabzang (*Ri-Bo bKrabZang*). Su padre, Lopon Dudul (*sLob-dPon bDud-'Dul*), pertenecía al pueblo Hor; su madre era Jochem Sonam Khyedren (*Jo-lCam bSod-Nams Khye-'Dren*) y a él lo llamaron Ngodrub Gyaltsen (*dNgos-Grub rGyal-mTshan*).

El texto '*KHRUNGS-RABS SGRON-MA RNAM-GSUM* dice: "*Su cabeza es grande, con una cúpula alta, como señal de que su visión y entendimiento son muy elevados y difíciles de comprender. Tiene un lunar en el bramaranda de la coronilla, signo de que su puerta de la sabiduría está abierta*". Así enumera sus características simbólicas.

También el texto *SNYING-THIG MAN-NGAG DON-BDUN*, que es un tesoro (*gTer*) del propio Rigdzin Godem, dice: "*Nacido en el año del buey de agua, posee el símbolo de un topo, y como signo de haber sido bendecido por Padmasambava, las plumas de buitre aparecen dos veces en la coronilla de su cabeza*".

Así, a los doce años le aparecieron tres plumas de buitre en la coronilla y, a los veinticuatro, otras dos plumas de buitre, de modo que tenía cinco en total.

A los veinticinco años encontró la joya Man-Shel de la naga en el manantial llamado Dutsi Chumig (*bDud-rTsi'i Chu-Mig*). Se la mostró a Zangpo Dragpa (*bZang-Po Grags-Pa*), que se alojaba en la ermita llamada Manglam Ritro (*Mang-Lam Ri-Khrod*). Con la guía de este último, el octavo día del mes de la serpiente del año del caballo de fuego, cuando tenía veintinueve años de edad, de los tres pilares de piedra de la roca blanca '*Dzeng*, cerca de la cima de Riwo Trabzang, sacó las llaves o guías de tres grandes tesoros (*gTer*) y cien pequeños tesoros (*gTer*) y depositó allí algunos reemplazos de tesoros (*gTer-Tshab*).

Hacia las nueve de la noche del cuarto día del mes de la oveja de ese mismo año, en la cueva de Zangzang Lhadrag (*Zang-Zang Lha-Brag*), en la cresta de Riwo Trabzang, que parece un montón de serpientes peligrosas, Rigdzin Godem sacó el cofre[1] del tesoro de cuero granate que habían hecho tres personas cuyos nombres terminaban en Gon (*mGon*). Este cofre estaba dividido en un compartimento central y cuatro laterales, y de ellos sacó los grandes tesoros profundos (*gTer*) conocidos como los "cinco tesoros", Dzonga (*mDzod-lNga*). Para describirlos brevemente, en el centro está el *sNying-mDzod sMug-Po*, el tesoro del corazón de color granate. Al este está el *Dung-mDzod dKar-Po*, el tesoro de la concha de color blanco. Al sur está el *gSermDzod Ser-Po*, el tesoro dorado de color amarillo. Al oeste está el *Zangs-mDzod dMar-Po*, el tesoro de cobre de color rojo. Al norte está el *lCags-mDzod Nag-Po*, el tesoro de hierro de color negro. Estos tesoros contienen los textos sobre BLA-SGRUB; RDZOG-CHEN DGONGS-PA ZANG-THAL y KA-DAG; RTSA-RLUNG PHAG-MO ZAB-RGYAS; THUGS-SGRUB GSANG-SGRUB DRAG-PO RTSAL entre otros. Rigdzin Godem redactó más de quinientos textos sobre la base de estos textos fundamentales.

En general, los tesoros Ter (*gTer*) profundos son el único método para traer la felicidad al Tíbet y a otros países ahora y en el futuro. En particular, estos Jang Ter (*Byang-gTer*) son los que promueven el Darma, previenen la guerra, detienen las epidemias, pacifican las luchas internas, controlan los demonios, nutren el estado y controlan las enfermedades peligrosas, pues contienen todo lo necesario para beneficiar a los seres.

Estas doctrinas también contienen la clave o la guía de muchos lugares y especialmente de los siete grandes lugares sagrados secretos. Por estas razones, el Jang Ter es famoso en todas partes como "El único Ter (*gTer*, tesoro) que es como un ministro protector que proporciona beneficios a todo el Tíbet".

Al final de su vida, Rigdzin Godem fue a Sikkim (*'Bras-Mo gShongs*) y abrió el camino a los lugares sagrados[2]. Se convirtió en el gurú de Chogdrub De (*mChog-sGrub-sDe*), el rey de Gung-Thang, y esto trajo la felicidad al pueblo del Tíbet.

Luego, finalmente, después de haber realizado muchas acciones de este tipo, a la edad de setenta y dos años, con muchos signos sorprendentes, fundió su mente en el espacio que todo lo abarca del darmadātu. Así, benefició enormemente tanto a los seres sensibles como al darma.

Desde Ladakh, en el oeste, hasta *Dar-rTse mDo* (Tachienlu), cerca de la frontera con China, y desde las tierras de Mongolia, en el norte, hasta el Sikkim de antaño, en el sur, ha habido muchos portadores del linaje de los Jangter y ahora pueden extenderse también a los países occidentales.

Cuando Rigdzin Godem Truchen (*Rig-'Dzin rGod-lDem 'Phru-Can*) estaba abriendo el camino a los lugares sagrados de Sikkim hizo esta oración:

> *"Cuerpo, habla, mente. Gran Maestro, concédeme todos los logros verdaderos. Aunque sé que las apariencias mundanas son ilusorias, todavía surge el aferramiento a estas desconcertantes apariencias como si fueran algo inherentemente real. Mis aflicciones y sus rastros sutiles aún no han terminado. Por favor, bendíceme cortando la raíz de todas las esperanzas y deseos.*
>
> *Cuerpo, habla, mente. Gran Maestro, concédeme todos los logros verdaderos. Hacia las manifestaciones transitorias de las malas acciones de este período degradado, surge la renuncia y yo desecho los objetos de mis esperanzas y deseos. Sin embargo, más tarde, me siento perturbado por el sufrimiento del deseo por los objetos de mi uso diario. Por favor, bendíceme cortando la raíz del deseo y del anhelo.*
>
> *Cuerpo, habla, mente. Gran Maestro, concédeme todos los logros verdaderos. Los Jinas han hablado en muchas enseñanzas de grandes métodos para limpiar las aflicciones de los tres venenos, sin embargo, me encuentro muy fuertemente bajo el poder de las huellas kármicas sutiles que son tan difíciles de abandonar. Por favor, bendíceme cortando la raíz de las malas acciones.*
>
> *Cuerpo, habla, mente. Gran Maestro, concédeme todos los logros verdaderos. Las situaciones causales externas, las situaciones causales internas y las situaciones causales que ocurren repentinamente, todas surgen de la raíz de la creencia en la dualidad. Ahora sé esto, pero no estoy libre del poder de los obstáculos de Mara. Por favor, bendíceme para que mi mente pueda surgir desnuda.*
>
> *Cuerpo, palabra y mente. Gran Maestro, concédeme todos los logros verdaderos. Por favor, bendíceme con la liberación del grillete de la creencia en la dualidad. La mente en sí misma no se hace, viene fácilmente en su propio modo. No se hace con las buenas acciones y cualidades de los Budas, y no está atada por la prisión de la zozobra, la niebla y la vacilación. Con la luz brillante, radiante y natural de la presencia, la amplia darmata madre e hija se encontrarán.*
>
> *Por lo tanto, al no dejarse embrutecer por los malos amigos que son las situaciones perezosas y relajadas, protegeré fuerte y amorosamente la buena*

casa de sunyata, y por eso, la darmata madre e hija se encontrarán rápidamente.

Entonces, a partir de ese momento, debo actuar con firmeza en beneficio de los que se mueven en el samsara. Debo realizar las acciones de un Bodisatva. Debo realizar una gran oleada de virtudes en beneficio de los demás. Debo obtener el poder efectivo para volcar y vaciar el samsara".

Notas

[1] El cofre tiene una altura de un codo, en forma de joya y con una circunferencia de un brazo completo.

[2] Anteriormente había sido una tierra oculta y desconocida.

DEDICACIÓN

Si hay algún mérito en este libro, lo dedicamos a todos los seres sensibles. Y si no lo hay, que se disuelva en su propia naturaleza vacía.

ཕན་པར་བསམས་པ་ཙམ་གྱིས་ཀྱང་།
སངས་རྒྱས་མཆོད་ལས་ཁྱད་འཕགས་ན།
སེམས་ཅན་མ་ལུས་ཐམས་ཅད་ཀྱི།
བདེ་དོན་བརྩོན་པ་སྨོས་ཅི་དགོས།།

*Cuando el mero pensamiento de ayudar a los demás
es más excelente que la adoración de todos los Budas
es innecesario incluso mencionar la grandeza de esforzarse
por la felicidad de todos los seres sin excepción.*

(Del Bodicharyavatara, de Shantideva)

Bibliografía

Low J. *Simplemente ser: Textos de la tradición Dzogchen*, (Ediciones Dharma, 2009)

Lama, C.R. y Low, J. *Aspiración radiante*, (Ediciones Dharma, 2017)

Low, J. *Ser Gurú Rimpoché: Un comentario sobre la sadhada Guru Vidhyadara*, (Ediciones Dharma, 2013)

Low, J. *Aquí y ahora: un tesoro espiritual de Dzogchen de Nuden Dorje*, (Ediciones Dharma, 2010)

Lama, C.R. And Low, J. R. *The Seven Chapters of Prayer, as taught by Padmasambhava of Urgyen, known in Tibetan as Le'u bDun Ma*, (edition khordong, 2008)

Dudjom Rinpoche, Jikdrel Yeshe Dorje. Dorje, G. (Tr and Ed). *The Nyingma School of Tibetan Buddhism: its fundamentals and history*, (Wisdom Publications, Boston, 1991)